中公文庫

表現の技術

高崎卓馬

中央公論新社

予定調和は、表現の敵だ。
すべての手法はそれを壊すためにある。

はじめに

僕は20年近く広告、とくにテレビCMを必死につくってきた。その間ずっと、CMは映画やドラマとなんら変わらないひとつの映像コンテンツなのだと強く思い続けてきた。インフォメーションで終わるものではなく、エンターテインメントとして成立するものでなくてはいけない。それができるとそのCMは、人に愛されて、広がって、想像以上の結果を僕たちにもたらしてくれる。そう信じてきた。いつか映画をつくりたいという気持ちがあったからとか、もともと映像コンテンツが好きだということも当然あったけれど、僕がCMをはじめた頃からCMはすでに世間の中心になにもしなくても座っていられるような強い存在じゃなくなってきていたことも大きな原因のような気がする。

「見ようと思わなくても見てしまうもの。だから面白くなくてはいけない」

ＣＭをつくる心構えを、そう教えられてきた。それは広告の本質だと思う。ＣＭの中身は「見ようと思っていない」ものだから、その分、見てよかったと思われるものをちゃんともっておかなければいけない。それはモラルというかマナーのようなものだ。けれど「見てしまう」の部分の力が落ちはじめている今、テレビが世間の話題の中心ではなくなりつつある今、どうするべきなのだろう。

探してでも見たくなるもの
教えたくなるものを
広告はもっていなければいけない。

広告は、コンテンツとしての力をもっともつべきだと思っている。それはWebの世界の才能たちには、ごくごく当たり前のことだったりする。そして僕たちは、彼らの仕事の考え方にそのことを改めて気づかされたりしている。彼らの表現は、国境や世代や文化的背景を超えて伝わっていく魅力をあらかじめもっていないと「面白く」ないし、「面白く」ならない。そして人を引きつけて、人をとどまらせるためのアイデアを前提にしていないといけない。でもそれはよく考えると、なにも新しい時代の波とかではなく、すべての表現がそもそももっていなくてはいけないことじゃなかったか？　面白いCMは翌日クラスで真似されたし、見ていないヤツは取り残された感覚があった。そう、それは表現にとって当たり前のこと、なのだ。すべての表現は、見たくなるなにかを内包していることが大切なのだ。この当たり前のことを僕たちは自分の言いたいことをうまく言うことだけに集中してしまい、忘れてしまいがちだ。強い広告はアプローチの違いはあれ、昔から変わらずその力をもっている。世の中を動かした優れた表現たちはみなそれをもっている。メディアの力が弱くなったから、広告が話題にならないのではない。面白いものを僕たちがつくりきれていないから、話題にならないだけなのだ。

映画をつくり、小説を書き、舞台の本を書いた。広告以外のことをやるそれらの機会は、自分の広告脳をやわらかくする貴重な体験だった。映画しかやっていない人にはできないものを、映画の文脈のなかでつくりたかった。演劇にしかできない魅力はなにかを考えた。商品というよりどころがない表現の恐怖を知った。所詮、広告の世界のヤツのものだ、という逆風を押しのけたかったから、なにをやるときもまず自分のよさが生きる方法を発明することからはじめた。そして新しい表現に挑戦するたびに思うことがあった。

同じだ。

誤解を恐れずに言うと、「表現」という意味でそのすべては同じだった。人が人になにかを伝え、なにかを残す。そしてそれだけをひたすら追求すると、「探してでも見たい」「教えたくなる」コンテンツとしての魅力が生まれる。人生をきちんと削って、なにをどう言うかに真剣に向き合って嘘をひとつも許さずにつくったものには魅力が生まれる。それだけのことだった。

この本は、すべての表現に必要な「探してでも見たくなるもの」と「教えたくなるもの」をつくりだすための方法論や心構えをまとめたものです。方法論は表現を飛躍させない、つまらなくするだけだと言う人もいる。けれどそれは違うと思っている。あらゆるものに基本というものは存在する。それをきちんと磨いた先に新しいものは存在する。基本のスキルをもたないプロフェッショナルなど存在するはずがない。そこから逃げて自分の感性だけを信じるものが果たして本当にプロだろうか。感性や個性はそれをどんなに無視しても絶対に表現に出てくるものだとも信じている。

ただ、方法論はあくまで方法論。そのままなぞっても強い表現が生まれるわけではありません。方法論を見て、人は心を動かしたりはしない。だからそういう意味で、方法論とは正しく悩む方法でしかないのかもしれない。正しく深く誰よりも悩んだ先にしか、方法論を超えた先にある強い表現は生まれないのです。ちゃんと苦しんだものしか面白くないのです。本当に残念ですが。

表現の使命はひとつ。
その表現と出会う前と後で
その表現と出会った人のなにかを
1ミリでも変えること。

未知の場所にある
ココロという正体のよくわからないものに
ふれるために、
僕たちはそのために、
人生を削っていくのです。

目次

表現の技術

人のココロにふれる

感情は振り子である

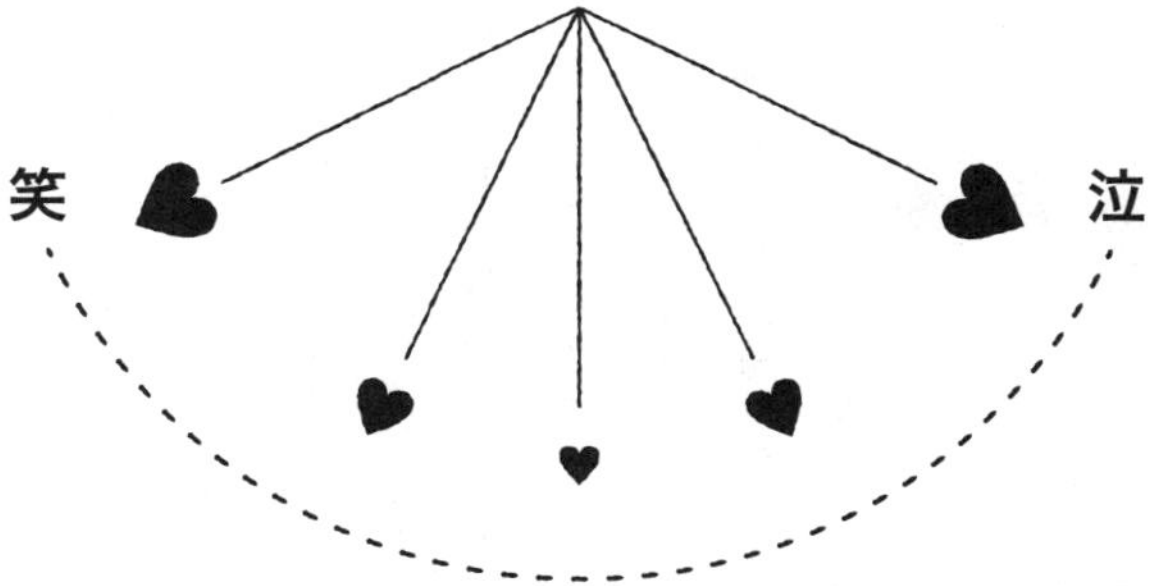
笑
泣

人間の心はどんなときでも揺れている、振り子のようなものだ、と考えてみましょう。雲ひとつない青空を見ても、別れ話をしている他人を見ても、階段の染みを見ても、たとえそれが自分に無関係な現象だとしても、心の振り子は常に少し揺れている。優れた表現は揺れに大きく作用する。人の心の振り子を揺らさない表現は、存在する価値がない。表現は、それと出会う前後でその人になにか変化をつくりだすために存在しているのです。映画を見終わって、なにひとつ変化が起きなかったらその映画は存在する必要などありません。その変化を意識的につくりだすことが「表現をつくる」ということなのです。

よく言われることだと思いますが、「表現をどう受け止めるかは観客が決める」というのは、次の次元の話。笑わせるのか。泣かせるのか。つくり手がそこを曖昧にして「観客にゆだねる」のはいけない。観客になにかをゆだねるのは、表現が死力を尽くしたときにだけ許されることです。

感情を動かす、心を動かす、というのは心の振り子を動かすということ。そして、その揺れが右に振りきれたとき人は涙を流し、左に振りきれたとき人は笑う（P21）。振りきれる、つまり破線を超える瞬間をつくることができたら、表現は相手の心にきちんと触れたことになるのです。そして実は、そういう瞬間をくれる表現を人の心はいつも待ってくれています。なかなか触れさせてはくれないイジワルな存在ですが。心に触れるために僕たちは言葉や、音や、ビジュアルやストーリーを駆使するのです。基本的に人はそういうものといつも出会いたいと思っています。だから映画にお金を払う、だから誰かが感動したという話を聞く。そしてこの感情をきちんと動かすことができた表現こそが、「探してでも見たくなるもの」になるのです。

破線を超えて人の感情を大きく動かすために、どうしても必要になる大前提の要素がひとつあります。それはなにか。これがなければ、人の感情を動かすことは１００パーセントないと言っても過言ではありません。

人は笑う前に必ず驚いている

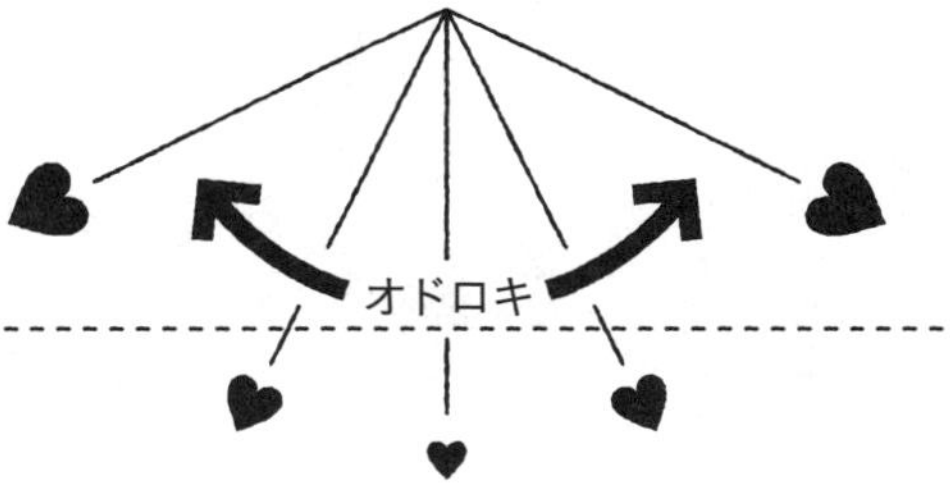
オドロキ

感情を動かすために絶対必要な要素、それは「オドロキ」です。すべての人は笑う直前に必ず驚いているのです。たとえば、『ダウンタウンのガキの使いやあらへんで！』というテレビ番組の「七変化」という企画を思い出してください。あるタレントが変装して会議室に現れる、そして部屋にいる人間はそれを見て笑うのをこらえるというシンプルなルールの企画です。見ていると、彼らは笑う前に必ず一度、その変化に対して驚いていることに気がつきます。いきなりゼロから笑う人間はいないのです。

人が泣く場合も、ほぼ同じことが言えます。登場人物が助かったと思ったら、助からなかった（あるいはそう思ったら助かった）。というようなあるオドロキ、心の起伏のようなものがあって人は涙腺を決壊させます。例外的に、「泣く」場合、人の死や別れという人類共通の「共感」によって成立することもありますが、より多くより大きく感情の振り子の揺れをつくるという意味では、必ず「オドロキ」が表現のなかにあるかどうかを強く意識しておく必要があります。

映画を見ているときに、スクリーンのなかで死に瀕した父親が不意にユーモラスなことを言う。するとこらえていた涙があふれてしまった、という経験をしたことはありませんか？　それはそこに不意をついた「オドロキ」があって、振り子が振れた瞬間なのです。人のココロに触れるというのは、振り子の揺れをつくる、ということなのです。でも人はそうカンタンには振り子に触れさせてくれません。隙のないつくり、嘘のない言葉、物語への期待、などいくつもの関門をくぐりぬけて慎重に、そして大胆に、アイデアをぶつけてこの振り子を揺らしにかかりましょう。

観客の心のガードを下げさせるためにオドロキが絶対に必要なのです。冒頭に書いたように「予定調和は表現の敵」です。想像を裏切ること。それこそが「見てよかった」「人に教えたくなる」「また見たくなる」という感情の原点になるのです。

起承転結のワナ

僕たちは子どもの頃から物語とは起承転結でつくるものだ、と教えられてきています。でもそれは、ただ出来事を整理するための方法にすぎません。起承転結は「物語」ではないのです。それどころか、この起承転結は物語を劇的につまらなくすることがしばしばあります。時間の流れ通りに物語を追うと、人は途中から結論を予想しはじめます。そうするとその人のココロを動かすためには、予想した結論を見事に裏切る必要が発生してしまうのです。つまり、ココロを動かすハードルが上がる。自分でわざわざ難度を上げることになってしまう。これはできるだけ避けたい状態です。

同じことは普段の会話でも言えます。面白く話をする人には共通することがあります。それは「結論から話をはじめる」こと。まず逆に、つまらない話し方をする人の例をひとつあげてみます。

「昨日、夕方から友達と飲んだんだけど、途中ではじめて会った人と意気投合しちゃって3時過ぎまで飲んで、そこから記憶がないんだけど、朝起きたら知らない人の家にいたんだ」

このしょうもない話を、結論から言う形にするとどうでしょう。「朝起きたら知らない人の家にいてさ」となります。このほうが話の劇性が上がることがわかります。劇性が上がると人は関心をもちます。結論がどうして起きたのか興味をもちます。同時に「結」の負担がまったくなくなっていることに気がつきます。すでに結論から話しはじめているので、新たに面白い結論を準備する必要がなくなるのです。あとは「飲み過ぎた」という事件が起きた原因を言えばいいのです。このように、相手の心に「?」を上手につくりだすことができると話は飛躍的に面白く聞こえはじめます。出来事と物語の違いはそこにあります。

長い物語を大枠でつくるとき、たとえば映画やお芝居でいうプロット（あらすじ）をつくるときは、起承転結で考えることは全体の整理ができるので、とても重要な作業です。けれど、骨組みから肉づけに入っていよいよ物語をつくっていく段階になると、この起承転結は完全にマイナスの作用をするので気をつけましょう。とくにコマーシャルの場合は、この起承転結はまったく役に立ちません。むしろ害悪だと思ってもいいと思います。具体的に考えてみましょう。

息をキレイにするガムのCM①

ダンス会場で
出番を待つ男女。

女性が、男の息を
気にする。

鼻をつまむほど
クサイ。

いよいよ本番。
女性はたまらず
すごく変な姿勢で
踊りつづける。

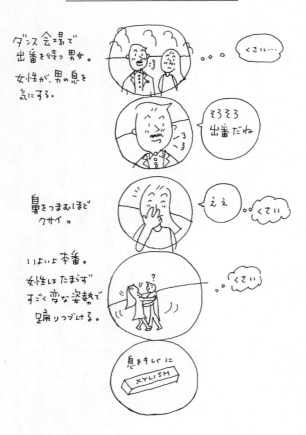

ここにひとつのコンテ（ストーリーボード）があります。これは時間軸を順に考えたもの。つまり起承転結的コンテです。あまり面白いものではありません。たとえばラストカットを冒頭に置いてつくり替えてみましょう。

息をキレイにするガムのＣＭ②

ダンス会場で
踊る男女。
が、女の姿勢がヘン。

のけぞっている。

相当無理な
姿勢のまま
踊りつづける。

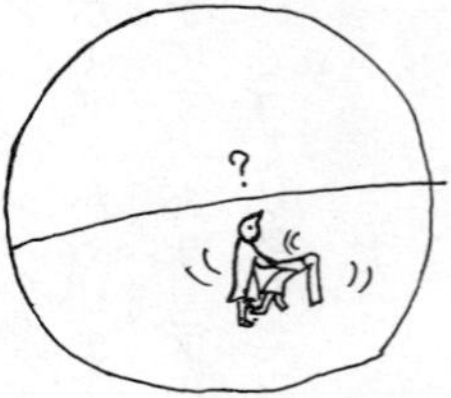

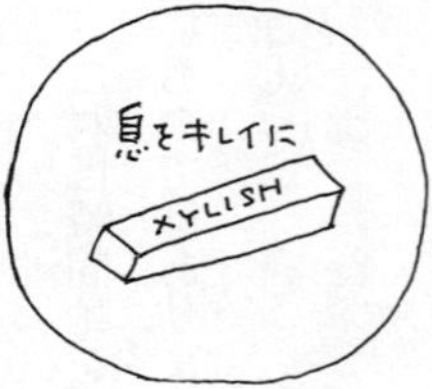

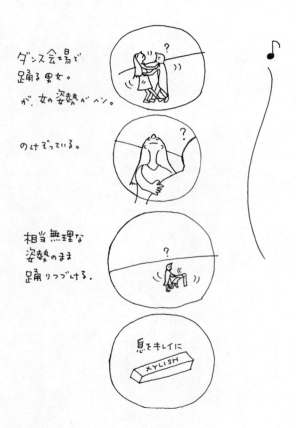

さして面白くなかったコンテが、面白そうなはじまりを手に入れたことがわかります。

起承転結的な発想は平凡でありがちです。つまり、100人企画する人間がいたら100人が考えられるものでしかないということです。それが、この順番を入れ替えるというスキルをひとつもっているだけで、凡庸な企画とは一線を画すことが可能になるのです。企画のプロフェッショナルであるための、基本の技術です。

無数にあるコマーシャルの海で目立つものをつくりだすためには、他にはないものである必要があります。映画の場合も同じです。ひとつひとつのシーンに起伏をつくり、物語全体に躍動感を与えるためには、起承転結だけのたるい話の運び方では観客の心が離れてしまいます。

逆に考えると、強い「結」をもっている場合は、時間を順に追っていくことも効果的です。

時間をそのまま使った公共広告のCM／クジラ

絵の授業中。
ひとりの少年が
気がつくと黒く画用紙を
ぬりつぶしている。

先生たちは
どうしたらいいかわからない。

少年はただただ
黒くぬりつぶしつづける。

医者にみせても
どんな大人の話もきかず、

少年はただ黒く
ぬりつぶす。

担任の女教師は
その絵を家でながめ
ため息をつくばかり。

ふと雑誌の1ページが
目に入る。

パズル。。。
女教師は何かを
ひらめく。

少年の絵には
何か輪郭?が。

どこかに連絡をし

夜の
体育館で
少年の絵を並べる。

ものすごい量の絵を並べおえると…

そこには巨大な
クジラが出現した。

翌朝、少年は
何しらぬ顔で学校へ。

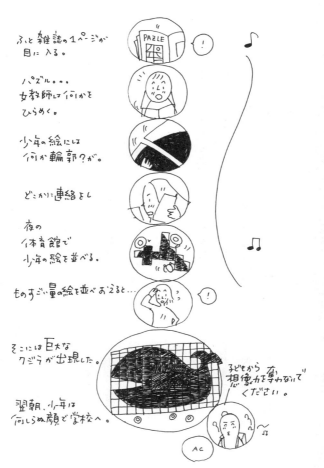

前ページの公共広告「クジラ」の場合は、この男の子はどうなるのだろう。という不安をずっと増幅させています。その不安を最後に一発で吹き飛ばすアイデアが「結」にあるので安心して引っぱり続けられるのです。でもこれは稀なパターン。僕自身、20年近くの企画生活のなかで一度しか成功していません。万人がきれいに腑に落ちるような強い着地のアイデアはまあそうはない、ということかもしれません。

起承転結を壊す作業は、時間軸を操作するということです。結論を見せることで、その原因を知りたいという欲求をつくる。その欲求が「面白い」という感覚をつくりだす。それはトランプと同じようなことかもしれません。こちらのカードのなにから見せていくか。見せる順番で相手に「想像」をさせる。そうしてその想像を利用して、予想外の展開をつくりだす。人が物語にわくわくするために。

つくる僕たちが映像について考えるとき、この時間軸を有効に使うことができると、俄然そのエンターテインメント性は上がります。時間はドキドキをつくる最大の武器です。サスペンスをつくりだす最大の道具なのです。映像をつくるとは時間をつくる、ということなのです。それはつくり手だけにさわることが許された最大特権なのです。

空間で考える

映像は空間で、つまり立体的に考えるべきです。平面的に考えているだけだと、物語は陳腐なものにしかなりません。世界には奥行きがある。つまり立体的に、空間的に考えると、できることが増えるのです。

今度は空間的にドキドキをつくる方法を考えてみたいと思います。絵コンテで企画をする場合、どうしてもこの豊かな手法をおろそかにしがちです。シナリオ、もしくは字コンテで企画をする場合、この映像的方法論はどうしても演出の領域に渡しがちです。けれどこれは大きな武器のひとつ。時間と同様に上手に使いたいものです。具体的に考えてみましょう。

たとえば、ひとりの女性が立っている。手前に男がいる。男は女性に告白をし、女性は涙ぐんで喜んでいる、というシーンです。

空間を使って、このシーンの劇性を上げる方法があります。それは背後に、もうひとりの女を立たせること。うらめしそうにこっちを見ている女にしましょう。どうですか？　突然物語の展開に興味が生まれませんか？

さらに劇性をもう一段階上げてみます。背後の女に包丁をもたせましょう。
展開がよりスリリングになりました。

さらにもうひとつ。今度は、手前の女性に指輪のプレゼントをもたせましょう。プロポーズされた直後にしてみると、どうでしょう。このあとの展開によって訪れる不幸のレベルが一段階上がりました。背後の女によって壊されるものがより幸福なものであると、さらに面白くなるのです。

これが空間で物語をつくるひとつの例です。「観客のみが知っている未来」をつくりだすというのは、コメディやサスペンスの基本でもあります。僕がいちばん強烈にそれを学んだのは、ドリフターズの『8時だヨ！　全員集合』での志村けんさんのコントです。志村さんの背後にいたずらなお化けがいる。本人はその存在を知らないのだけれど、観客はそのすべてを見ている。志村さんがお化けに振りまわされる様子に、もうたまらなくなるくらいじらされて、ついには全員で「志村うしろーっ！」と叫んでしまう。

観客だけが知っていることをつくるというのは、本当にいろいろな場面で使える、映画でも効果的に使われている方法です。手前に犯人が探している証拠の銃が大写しになっている。その奥で、犯人は必死になってそれを探している。見つかるか見つからないか、観客は本能的にあおられる、というようなシーンはよく見かけます。こういう方法を意識的に採り入れて、ふだんから企画する頭を立体的にしておくと、脳の引きだしの数がひとつ増えます。

「観客のみが知っている未来」。それは時間軸のなかでも効き目抜群です。たとえば、誰が犯人かを観客だけが知っているという状況で物語が進む。交通事故で伴侶を失うことがわかっているのに進行する恋愛。不治の病であることを家族と観客が知り、それを知らない本人が将来を楽しそうに話している。こうした観客だけが知っていることをつくると、それを渡された観客は、小さな責任のようなものも同時に渡されてしまうのです。そのため、その事実をどう処理するかを考えざるを得なくなる。ココロが前のめりになる。そして自分が想像したように物語が展開してくれるかどうか、ドキドキしながら見守ることになる。それは、人の心を惹きつける物語のつくり方の基本のひとつです。

ズレが面白さになる

面白いものは、ほぼ間違いなく「ズレ」をもっています。なにかをズラすと、そこに面白さが発生する。逆に言うと、ズレのないものは面白くない。上司が命令し部下が従うという風景は普通ですが、部下が命令し上司が従うという風景をつくると、そこに「ズレ」が生まれる。そしてそれは面白さの起点になる。すでにある価値観や出来事をそのまま使っても、それはそれ以上でも以下でもない。ところがそこにズレを入れると、企画する人間の意図を面白く発生させることができます。

モンティパイソンというイギリスのコメディグループのコントのなかで、このズレを使った僕の大好きなスケッチ（コント）があります。とある学校の退屈な授業風景。生徒はあくびをし、よそ見をし、居眠りをし、こっそり本を読んだりしている。けれど、そこで行われているのはセックスの授業。先生は講義だけでなく、そこにベッドをもちこみ実演まではじめる。なのに、誰ひとりそれを見ようともしない。まるで数学の授業のように、ただ退屈している。先生が生徒を叱りつけてよく見るように言うのだが、どうしようもない退屈を生徒は隠せない。そういう状態がずっと続くコントなのですが、これが面白い。数学とセックスを置き換えただけで、そこになにかとんでもなく大きな「くだらない」ものが発生しているのです。うっかりすると面白さを突きぬけて、今まで自分たちが守ってきたものが実は所詮この程度のことなのかもしれない、という気分まで与えてくれたりもします。

僕はこういうズレを意図的につくる方法を「置換行為」と呼んでよく使っています。これも具体例で考えましょう。

警察官が容疑者を取り調べしている
シーンがあります。

立場を入れ替えます。

なにかを生みはじめそうです。この置換をする場合、「置換要素はそのシーンでひとつ」にするのが鉄則です。そうでないと、人はなにとなにを置き換えたのかがわからなくなるので、意図を汲み取るのが難しくなってしまうからです。

「置換」は、もうひとつの使い方ができます。企画の精度（点数）を上げる作業のときに非常に有効な検証方法なのです。自分のなかでひとつの企画がまとまったとき、「少し既視感があるんじゃないか」と不安になったり、「ちょっとキレが甘いかな」と思うときがありますが、そういうときにとても効果的です。

場面設定だけをどんどんズラしてみる。たとえば、お菓子をどうしても食べたくなる、みたいなことを考える。すると設定は、「食べてはいけないシチュエーション」であればあるほど面白くなるはずです。ということは、家よりも会議室のほうが面白い。普通の会議よりも重要な案件の会議のほうが面白い。もっと言うと、国の命運を左右するぐらいのほうが面白い。そうやって、もともとの「食べてはいけないときに食べてしまう」ことをより強く見せる方法を考えていく。これは企画の精度をぐんと上げてくれるばかりか、途中でより面白い別次元の企画を思いつかせてくれるきっかけになったりもします。

ところがここでやめどきを間違えて、「宇宙人に攻められているのに」といった荒唐無稽な設定にしてしまうことがあります。それは行き過ぎたズレ。はしゃぎすぎで減点です。この場合、「食べてはいけない」というシリアスさの強調を目的に設定をズラしていくべきなのですから、架空のマンガ的な状況にしたりするとシリアスさが抜け落ちてしまいます。ただ徹底的につくりこまれたシリアスな宇宙人の襲来、たとえば映画「第9地区」くらいのレベルでやったら成立するかもしれませんが。

この設定のズラしは、企画の精度を上げていくプロセスでも必ず検証すべきことだと思います。具体的にコンテでやってみましょう。

食事後の息をテーマにしたCM

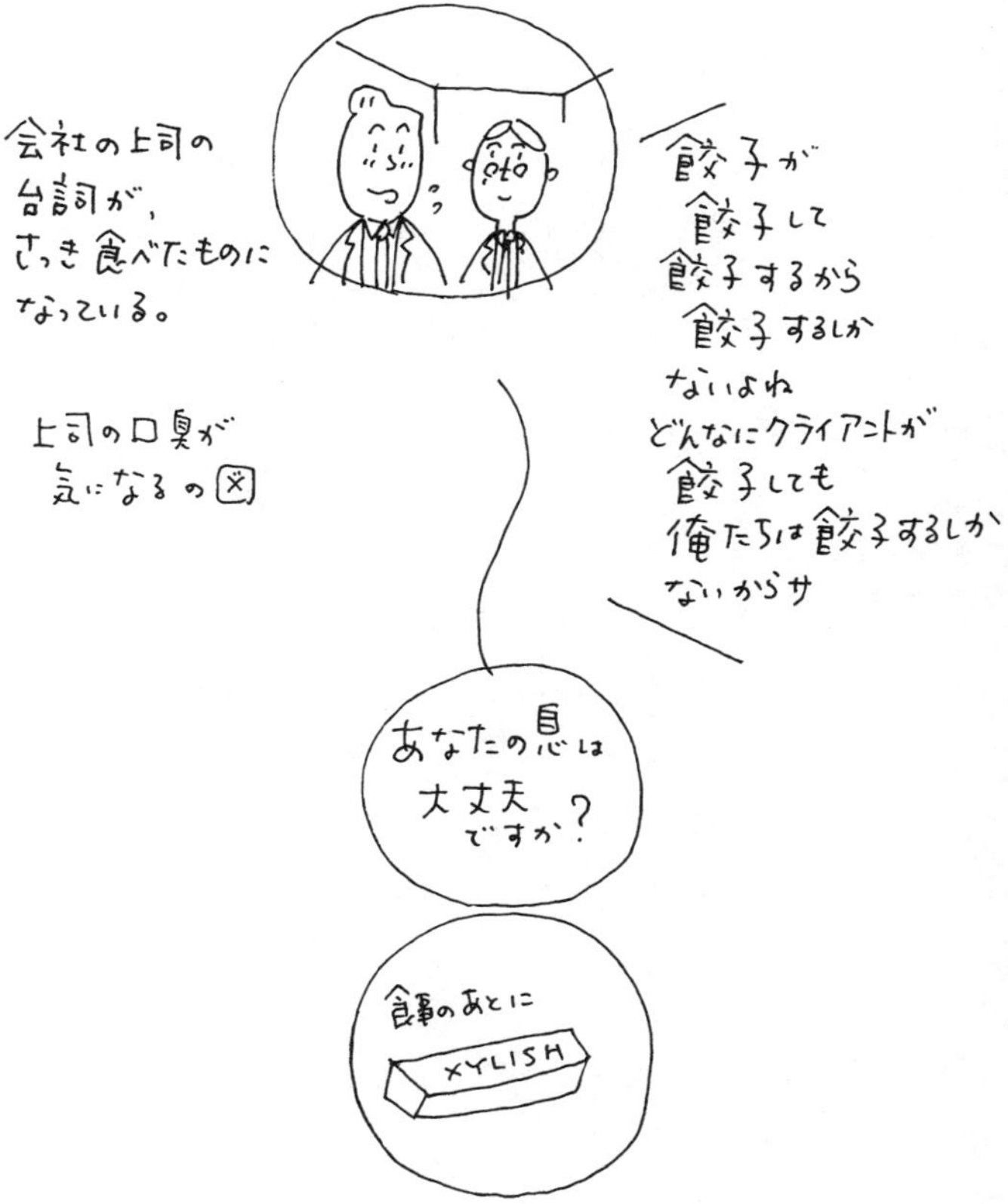
会社の上司の
台詞が、
さっき食べたものに
なっている。
餃子が
餃子して
餃子するから
餃子するしか
ないよね
どんなにクライアントが
餃子しても
俺たちは餃子するしか
ないからサ
上司の口臭が
気になるの図
あなたの息は
大丈夫
ですか？
食事のあとに
XYLISH

その設定を「男女」に置き換えた場合

男と女がベッドで
ピロートーク中。

男の口臭が
気になってしまうの図。

台詞の一部が
さっき食べたものに
なってしまっている。

まさか餃子と
餃子なことに
なるなんて餃子の頃は
考えも餃子だったね。
僕は餃子なしでは
もう餃子さ。
僕と餃子して
くれないか？
真剣だよ。餃子さ。

あなたの息は
大丈夫
ですか？

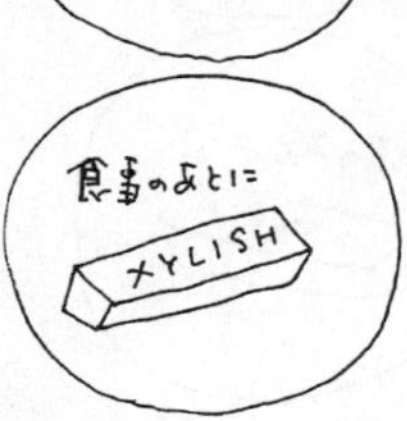

その設定をさらにシリアスにした場合

事故直後。
救急車が
くるまでの緊迫した
シーン。
男の台詞の一部が
さっき食べたものになっている。

口臭はこのぐらい
気になるもの…

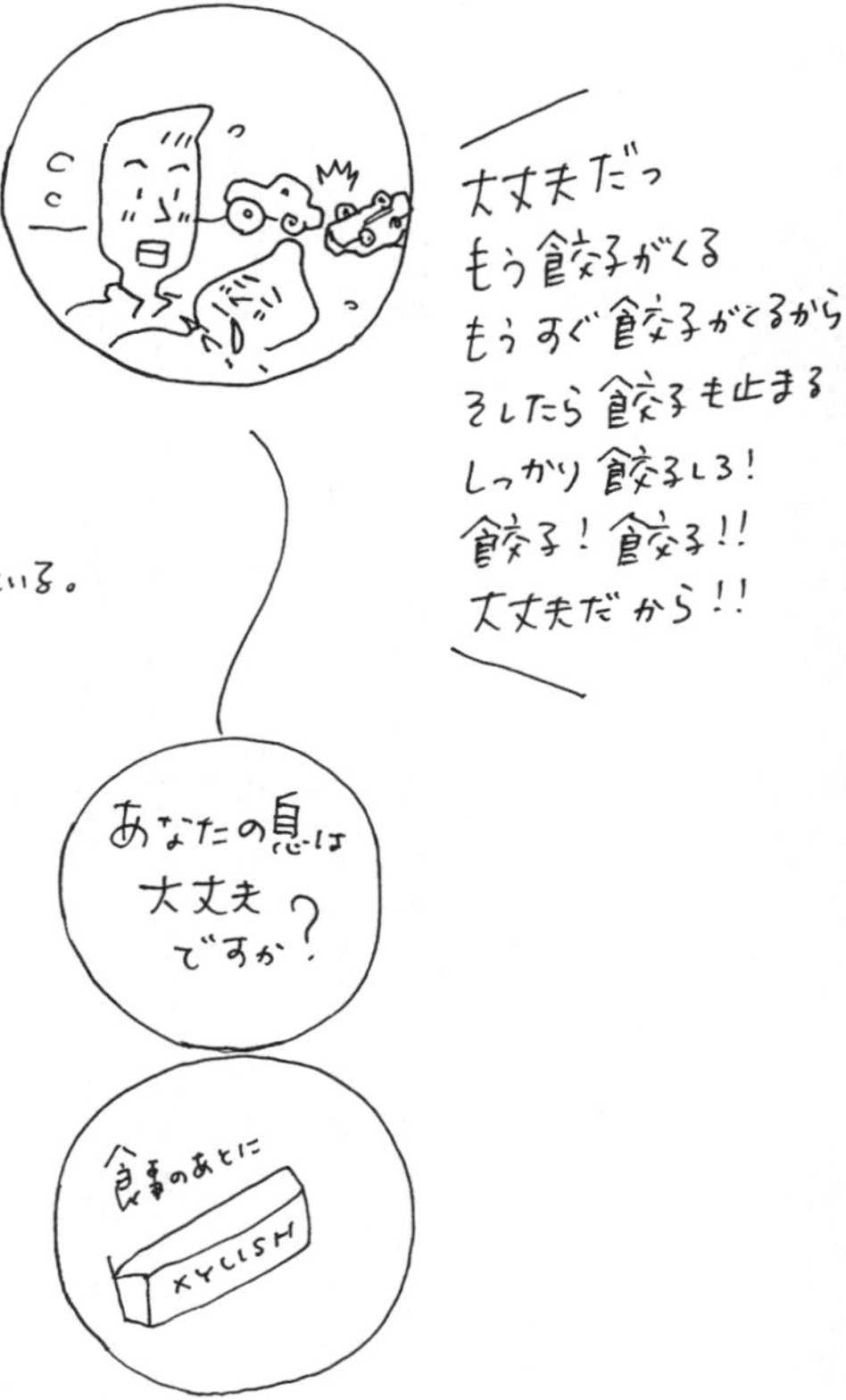

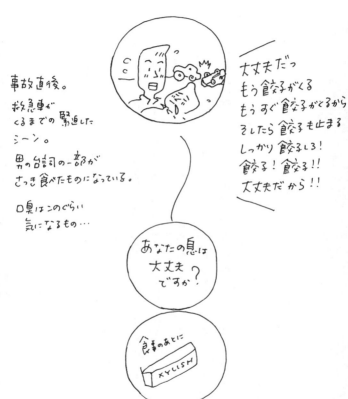

設定を見直すだけで、そのコンテの生命力に変化が起こることがわかります。企画の途中でこういう回路で脳を使うのも、かなり有効だと思います。ちなみに、企画をより強くするには、どこを触ると面白くなるか、どこをやりすぎると面白くなくなるか。たくさん考えて、自分なりにそのラインを見つけていくしかありません。前述の宇宙人襲撃のような設定は、シリアスにつくれない限りは、どうにもつくり手のはしゃぎが入ってしまうように見えます。「つくっている人間がはしゃいでいる」ことは、観客の興がさめる大きなポイントです。さめると絶対に心の振り子は揺れません。細かい部分を徹底的にコントロールしてこそ、最大の揺れが手に入るのです。とくに笑いという揺れをつくるには、そういった細心の注意が必要なのです。

笑いはテクノロジー

笑いはすべての表現の基本だと考えています。相手の感情を確実にコントロールすることが条件でつくられるものですから、つまりどんな種類の感情のコントロールにも応用が効くものでもありますし、憎しみや嫉妬や悲しみも自在につくりだせないと笑いは手に入らないもの、なのです。そして、笑いほどつくりだすことが難しいものはありません。精密で繊細で、なにかひとつでもボタンをかけ違えたらどこかへ逃げてしまうものです。70年代のアメリカのCM業界を席巻した天才CM監督ジョー・セデルマイヤーもインタビューのなかで、「笑いは笑いながらはつくれない」と断言しています。笑いは表現の技術を駆使し尽くして、つくりだすものです。技術によってつくりだすものであるということは、逆に言うと鍛錬すれば身につくスキルでもあるということです。そのことに気がつくか気がつかないかが実は、表現をつくる才能の有無をほぼ決めると僕は思っています。「なんか変に派手な服を来ていたら面白くない？」という身勝手な感覚で無意識にものをつくるか、「変な格好で真面目なことを言うと面白い」とある程度論理的に考えられるかどうか、それが大きな分岐点なのです。

僕は子どもの頃から現在に至るまで、「面白い人」であった経験は一度もありません。面白い話をするタイプでもないし、周囲の注目を集めるエンターテイナー的資質もゼロでした。けれど、この仕事と出会って「面白いものをつくる」ことは可能でした。表現による笑いは、技術や手法を磨くことでつくりだせるものだからです。この笑いのテクノロジーを学ぶことは、表現のテクノロジーのほぼ全体を学ぶことでもあることに、あるとき気がつきました。そのテクノロジーは本当にたくさんのことを教えてくれました。まさにノウハウの宝庫だったのです。

逆に、「涙もの」あるいは「感動もの」は企画の技術を学んでいなくても、実はある程度まではできます。企画の技術が稚拙でも、誰もが共通して抱く感情に訴えかけることで涙や感動を引きだすことは比較的容易にできるからです。

だから若いうちから安易な共感ものの楽さを覚えてしまい、それを自分の力だと勘違いしてしまうと、企画者としての真の技術を磨く機会を失くしてしまう。それが不幸なことだと気がついたときには、もう企画の筋肉をつけるには年をとりすぎているということになりかねません。だからとくに最初のうちは笑いから逃げずにきちんと向き合って、表現のテクノロジーを論理立てて考えてつくる癖をつけるべきだと考えています。

笑いの難しさを知って、常に自分を更新し続けること。それが実は「正しく悩む」ということなのです。脳は筋肉です。鍛えたら強くなります。けれど間違えた鍛錬では正しい筋肉はつかない。正しく悩む、正しく鍛えるためには、この笑いのテクノロジーの海にどっぷりつかる必要があります。

関係で笑いをつくろう

ギャグと笑いは少し違います。表現としての優劣があるわけではありませんが、尊敬する劇作家、別役実さんの著書『別役実のコント教室―不条理な笑いへのレッスン』(2003年、白水社刊)に、笑いの種類の分類があります。そこには

(1) 言葉遊びの笑い
(2) 即物的な笑い
(3) キャラクターによる笑い
(4) 関係の笑い
(5) 不条理の笑い

とあって、笑いのスキルを磨くために考えるべきことの基本はこの(4)にある、とあります。たとえばケーキだと思っていたものが爆弾だったとか、爆

弾をほとんどケーキだと思って扱っていたという情景が醸し出す笑い。

関係を変化させることでつくられる笑いこそ、企画によって生み出す笑いの基本形だと僕は考えます。ただのケーキでしかないものが、このストーリーのなかで「爆弾だと勘違いされたケーキ」になる。そのことによって人間が可笑しく見えはじめる。それこそがドラマだと思うのです。変な顔をする。転ぶ。ダジャレを言う。そうした直接的な事象によって笑う笑いよりも、少し豊かな気持ちになれる笑いがそこにはあるはずです。

ただ基本はあくまで基本なので、その応用や（1）から（4）までを絡ませたりして、新しさ、つまりオドロキを含んだものを僕たちは自分の感覚をリトマス試験紙にしながら日々開発していくのです。笑いはこうやって生み出すものなので、つくる人間自体が面白い人かどうかは関係ありません。

笑いはどこか悲哀をもっていたり、そこに人間くさささみたいなものを連れてくることもできます。その人間くささのような部分に、観客や視聴者を共感させることも可能なのです。たとえば見栄をはることで起きる笑いなどがそれです。

映画『男はつらいよ』で車寅次郎が見せてくれる笑いの数々は、きわめて「人間的な笑い」を僕たちに教えてくれます。山田洋次監督に映像について教えていただく機会が何度かありました。新人時代のようにたくさんのコンテを書いてお話をしたのですが、僕の考えるコンテの約9割は山田監督に「面白くならない」と言われました。CM的に強い表現を、と思っていたのですが、いちばん最初に「この役者じゃないとできないことではない」と言われました。「お笑いの人がやりそうなことを俳優にやらせても面白くはないだろう」と。次に言われたのが「企画する人間の都合が見えるものは面白くない」と。芝居の流れに整合性がない、つまり「リアルではない」コンテはそうやって死んでいきました。その両方とも比較的ふだんから気をつけていたことだったのですが、どこかCM的に面白くあるために、無意識に自分に許していた部分があることを痛感しました。

「観客は、少しでもこちらの都合を感じたら、少しでも監督や脚本家の強引さを感じたら、すうっと心をその映画から離してしまう」

人に伝わるものをつくりたければ、それを徹底すべきなのです。

さらに、演出について会話が及んだときにこうおっしゃっていました。

「ときどきお笑いの人にお芝居をしてもらうと、余計なことをして笑いをとりにいこうとすることがある。そうしないと不安になるのだろうけれど、彼らはそこにいるだけで面白いということを理解する必要がある。僕たちは物語の関係のなかで面白さをつくっていくのだからね」

「関係の笑い」は笑いのためだけでなく、すべての物語をつくるうえで必須条件なのです。僕たちは関係を構築して、新しい意味をつくっているのです。それこそを僕たちは物語と呼ぶのだと思います。

一緒にやらせていただいたテスト撮影の現場で山田監督は、「リアル」にとてもこだわっていました。そんなふうに人は転ぶか？　そこにハンカチが落ちていたらそんなふうに見つけて拾ったりするか？　芝居のなかに嘘を見つけると、すべて潰していきました。

こちら側の都合でなにかが進むと、人の気持ちがそがれて感情が動かなくなる。だから人の気持ちがとぎれるようなものは、すべて排除していく。笑いはそういう完璧な配慮のうえで成立するものだからです。

物語を説明しない

直木賞作家の木内昇《のぼり》さんとの対談で、彼女の小説の作法にふれたときにこんなお話を伺いました。

「できるだけ登場人物の行動で書くようにしています。感情を書いてしまうとそれで終わってしまうから。その登場人物ならこういう悲しみに直面したときにどういう行動をとるのか。そこを注意深く観察して書くようにしています」

この言葉を聞いたとき、僕が彼女の小説に小説の本当の魅力を強く感じていた理由がわかりました。同時にこれは、映像をつくるときにもすべてにあてはまることだとも思いました。具体的に説明してみます。

Ａ
男がひとり応接室にいる。
男「くそう、緊張してきた」

B

男がひとり応接室にいる。
煙草に火をつける。が、灰皿には
すでに火のついた煙草がある。

どちらが男の緊張の描写として豊かでしょうか。当然、男のキャラクター設定によってこういう行動は決まってきます。ということは、この緊張したときの行動の違いがそのキャラクターでもあるわけです。こういう描写を重ねていくことで、その人間性がより豊かに描写されていくのです。

物語を進められるのは登場人物だけです。つくり手の都合が物語を進めると、その物語は突然チープなものになります。人の心の振り子が揺れなくなるのです。映像の場合、つくり手の都合を排除するために、ひとつ具体的な方法があります。それは「映像と台詞で別なことをする」ということです。グラフィックをつくっているときに、魚が釣れた瞬間の写真に「魚が釣れた」とコピーを書く人はいないと思います。写真ですでに言っていることを言葉にするのはあきらかに損です。言葉は写真の力を増幅させるために使うべきです。同じことは映像にも言えます。

A　別れ際に女が男に言う。

「淋しい」

B

別れ際に女が男に言う。

「こんどいつ会える?」

どちらが意味のある台詞でしょうか。ＣＭの場合、とくに使える秒数がきわめて短いので（Ａ）くらいわかりやすいほうがいいと思う人もいるかもしれません。けれど（Ａ）からはじめると、そのあとの台詞で結局（Ｂ）を言わなければいけなくなります。（Ｂ）にはすでに（Ａ）のニュアンスが含まれているのですから、台詞としては（Ｂ）のほうが時間の省略と人物描写を深めるので、はるかに優れています。その秒数を他のことに使えるのですから、その差は想像以上に大きく結果を左右します。

つまり「映像と台詞で別なことをする」は、時間を有効に使うという意味でも大変効果のあることなのです。自分の企画やシナリオを見直すときに、こういうチェックポイントをもって見直すと、より深く豊かなものにすることができるのでぜひ意識をしてみてください。

物語の設定や進行を説明するために台詞や映像を使うことは、その物語を痩せさせます。観客や視聴者はあらすじの「説明」、心の動きの「説明」を見たいと思っているわけではないのです。物語を進める道具にそれらを使うと、その映像はただの「物語の説明」になってしまうのです。物語は登場人物が進めていくものです。作者の都合で進めてはいけません。そのことはいつも忘れないようにしたいものです。

オムニバス禁止令

ふだん企画するとき、禁止している表現方法がひとつあります。それを僕は「オムニバス」と呼んでいます。同じようなシーンをたくさんつないでみせて、いい感じの音楽をあてるようなタイプのCMのことです。人が再会するシーンを重ねて感動的な音楽をのせる企業広告とかに、見覚えがありませんか。あれは企画の放棄だと思っています。

見たことのある典型的なシーンを重ねると、なんとなく「言えた気分」になりがちです。けれどそれは、なにも言っていないのに等しい。よくある別れのシーンを見て、大きな感動をすることがありますか。その感動は、きっと表面的ですぐに忘れてしまうタイプの感動です。僕たちが目指すべき感動は「忘れられないもの」であるべきで、その映像との出会いによって本当の経験をしのぐ心の動きをつくるべきなのです。

偽善的で、本気でそう思っていない企画者の存在を感じること、100人いたら100人がつくれる企画にすぎないということが、オムニバスを企画の放棄と断言する主な理由です。メッセージが先に決まった場合など、映像でそういうことをやりがちです。いくつか具体的なコンテを紹介します。

よく見る気がする「いい感じ」の保険のCM

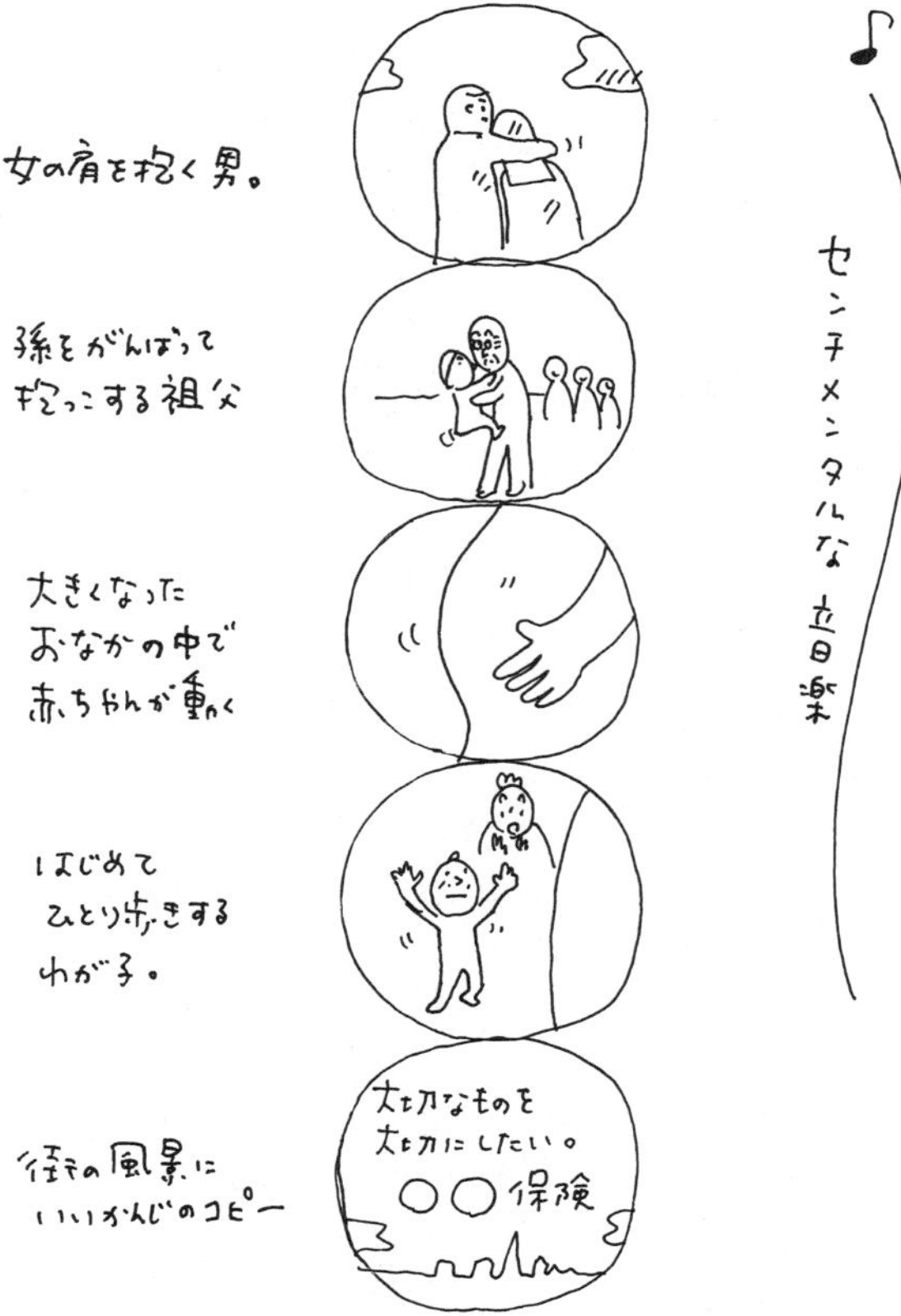

それをワンシーンだけでつくり直した場合

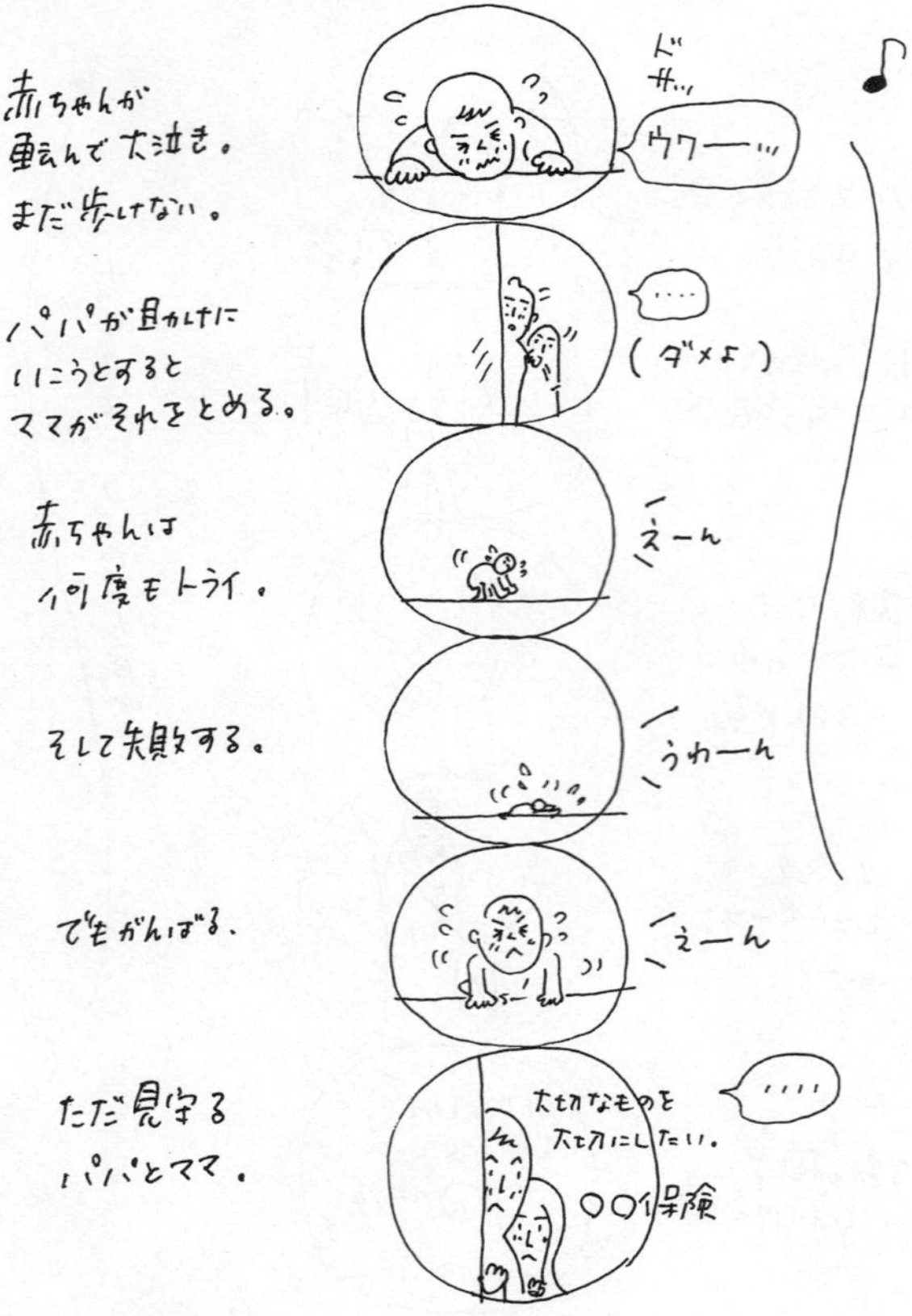

どうでしょう。既視感たっぷりの既製品のような広告に見えます。けれど、もしこういうコンテを書いてしまった場合、いい方法がひとつあります。そのなかのワンシーンだけで、もう一度企画をつくり直すのです。

この企画でしか描き出せないものが出てきたと思いませんか。ひとつのシーンを深く追うことで表面的なメッセージだったものが、「物語」化しはじめるのです。そうなるとありがちなものからも逃げることができます。「みんなはこういうときこう思うよ」という話より、「僕はこういうときこう思った」という話のほうが強く、逆に普遍的なものになるのです。一般論より個人の話のほうがよほど、普遍的な力をもつのです。この「オムニバス菌」は、手を変え品を変えて企画のなかに忍び込んできます。「かくれオムニバス」の例をあげます。

とある放送局のＣＭ

朝、駅のホームで。
前かがみのサラリーマンが
たくさんいる。

小学生も
前かがみで学校へ

会社の中のいたるところで、
エレベーターの中でも
皆前かがみ.

その原因は・・・・
おなかが
よじれるほどオモシロイ
TVのせいだった。

一見するとオムニバスには見えないのですが、これも立派なオムニバスです。すぐに退治しましょう。方法は同じ。どれかひとつに設定をしぼる、ということです。

映画の世界でも、オムニバスはあまりいいものではないとされています。おそらく同じ理由で、伝えるべきものが薄くなるだけですし、観客も公約数的な物語を見たいとは思わないということなのだと思います。

主人公にプチ不幸を

広告の場合とくに、たいていの主人公は商品によって救われます。広告ですから、商品の良さをアピールするのは当然のこと。けれど実はそこに予定調和が忍び込んできます。広告は自画自賛するもの、とみんながもともと思っています。だからこそ、人の心をつかむにはそれをほんの少し飛び越える必要がある。方法は簡単です。

主人公が救われなければいい

たとえば、速いバイクの広告をつくるとします。その表現を「速いから遅刻せずに間に合った」では、ただの自画自賛。なにひとつ面白くありません。ところが「速すぎて困る」と考えたらどうでしょう。速すぎて時間を持て余し、ちょっと余計なことをしてしまう主人公が「プチ不幸」な目に遭う。バイクの速さを軸にして、それを誇張することで予定調和を破ることができるのです。

au「鏑木」篇

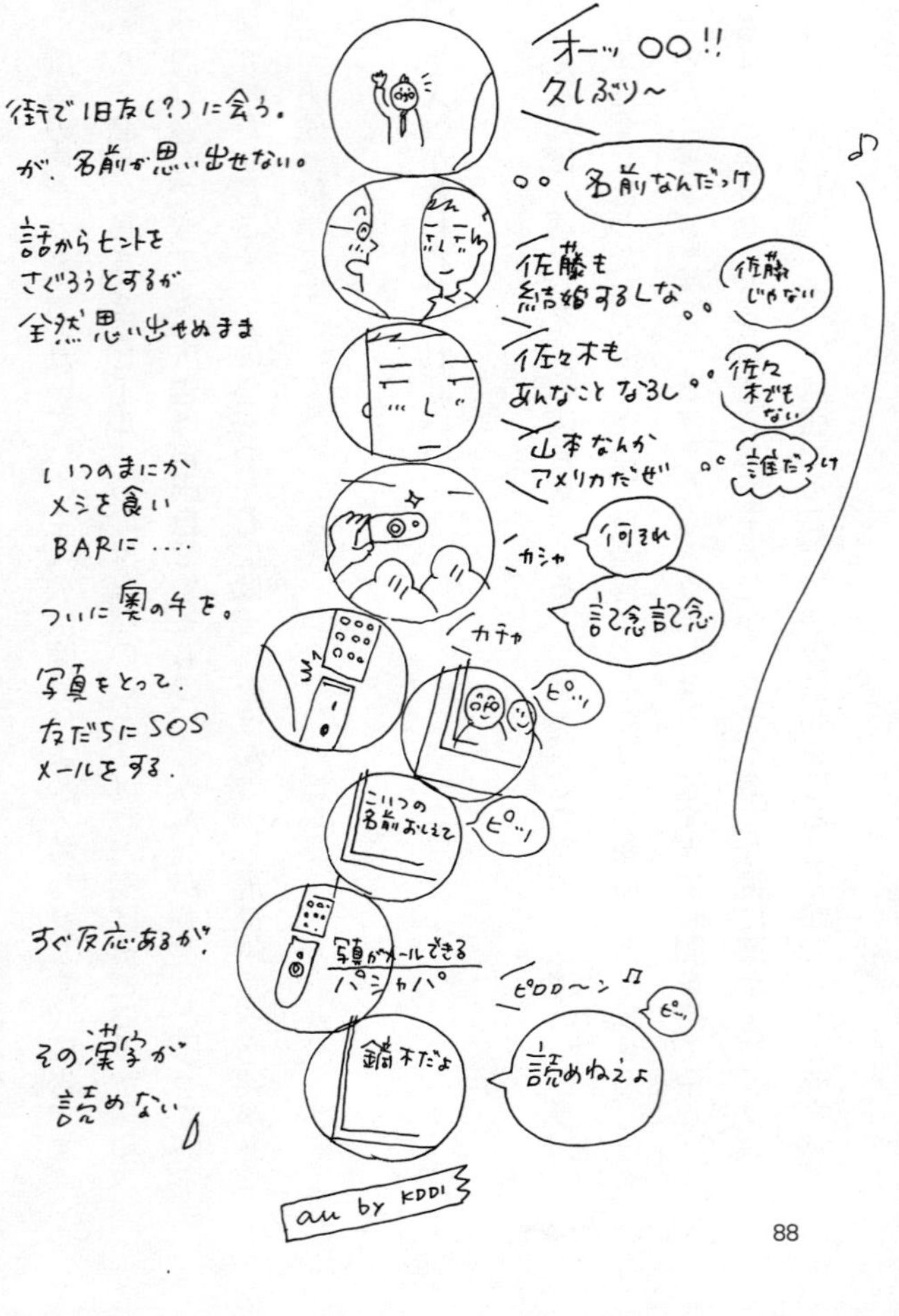
街で旧友(?)に会う。
が、名前が思い出せない。
オーッ ○○!!
久しぶり〜
名前なんだっけ
話からヒントを
さぐろうとするが
全然思い出せぬまま
佐藤も
結婚するしな。
佐藤じゃない
佐々木も
あんなことなるし。
佐々木でもない
いつのまにか
メシを食い
BARに....
山本なんか
アメリカだぜ
誰だっけ
カシャ
何それ
記念記念
ついに奥の手を。
写真をとって、
友だちにSOS
メールをする。
カチャ
ピッ
こいつの名前おしえて
ピッ
すぐ反応あるが、
写真がメールできる
パシャパ
ピロロ〜ン
ピッ
その漢字が
読めない
鏑木だよ
読めねえよ
au by KDDI

例にあげると、この「鏑木」は最後にその名前を読むことができないというプチ不幸を準備していました。そこにオドロキが生まれ、笑いが起きました。商品の機能が優れているがゆえに起こる小さな不幸を探すのは、予定調和を壊す確実な方法のひとつと言えます。ちなみにこれは「カブラギ」と読みます。

観客が安心して不安になる

ドラマとは秩序を与えられた葛藤のことだ、と言われています。つまりひとつのルールが、登場人物と観客に葛藤を共有させる。その葛藤が、物語への興味をかきたてるのです。

この条件のなかでどうやって主人公はその問題を解決するのか。

2時間の間、観客をトロッコに乗せて、レールを走りきることができるか。実はそのためには、最初の「この条件のなかで」という魅力ある問題設定が大切になります。なにも問題が起きないと、観客はなにを見たらいいのかをつかむことができず、心が離れてしまいます。この映像をどう見るべきか、なにを解決するためにこのトロッコは走るのか、そこを明確にしてあげることがとても大切です。

移植手術をしなくては
息子の命は助からない。
けれどその金はどこにもない。

恋人を奪われた。
その傷がいえぬまま過ごしていると、
彼女が最近別れたことを聞いた。

ルールのある葛藤をきちんと設定することが、観客が安心して不安になるために必要なのです。

次に必要なのは「対立」です。対立こそ、物語を豊かにする媚薬です。物語は一元的に進むのではなく、重層的に進むほうが圧倒的に面白いものです。そのためには単に敵味方という意味の対立だけでなく、あらゆる意味で「反対側」を意識することなのかもしれません。

幸福な結婚式の裏で、
新郎に恋心を抱き続ける新婦の妹。

このような設定を見せると、晴れやかな結婚式が、晴れやかであればあるほどもうひとつの意味をもちはじめます。そして人は自分なりの展開を想像します。想像をつくり、利用しながらトロッコは進むのです。

遭難した雪山で、
自分が下山をしようと言うと、
誰かがここで待ったほうが
いいと言いだす。

これもいい対立です。対立が発生すると、どうしようもなく観客は物語に釘づけになってしまうものなのです。同じことは、ひとりの登場人物のなかにも言えます。

優しい犯罪者
黒人音楽が好きな白人
魚が嫌いな寿司屋

対立がもたらす問題が、物語や人間を魅力的にするのです。なぜなら、そのことが原因となってこれから事件が起きることが想像できるからです。観客は迫りくる未来を想像し、わくわくしながらトロッコに乗ることができるのです。

物語を進行させるのは、対立がもたらす「葛藤」なのです。物語はシナリオではなく、登場人物の「葛藤」が絡み合って進むものなのです。こういう設定を与えられた人間が、劇的な（的外れな）選択をしてしまう。それこそが物語なのです。

「船が沈む」は物語ではないのです。
時間通りに着きたくて無理をした結果、
「船が沈む」が物語なのです。

時間通り着きたいと思うその男をこそ、描くべきなのです。船が沈む、を描写してもそれはやはり事件の説明以上のものにはならない。そのことで失うもの、そうせざるを得ない世の中の不幸こそが、物語なのです。

もうひとつ忘れてはいけないのが、テーマの発見です。その広告、その映画、そのドラマは全体としてなにを言いたいのか。自分自身がこの作品を通じて人になにを伝えたいのか。テーマは普遍的なものでいいと思います。そこに斬新さはいりません。

家族は素晴らしい
人を傷つけたほうが傷つくものである
生まれつき悪人なんかいない
人は誰かと出会うために生きている

映像をつくる。シナリオを書きあげる。そのとてつもない苦労はなんのためにあるのか。これは、とてつもない苦労にもブレない、作者の覚悟のようなものかもしれません。

テーマは真理、ストーリーは登場人物固有のもの、なのです。とくに原作を映像化する場合、原作を表面的に解釈するのではなく、原作のなにを映画のテーマに設定するのか。その発見はプロットを共有する前にとても大切なことだと思っています。自分×原作の存在価値のようなことかもしれません。もっと言うと、僕はそれこそが原作に対する愛情表現だとも思っています。

広告にこういうテーマは不要だ、と思う人もいるかもしれません。けれどそれは大きな後味を決定することになるし、人のなにかに大きく作用するものである限り、制作者に必要な意識だと思います。とくに、これからの広告にはとても必要なものです。その広告はこの世界になぜ必要なのか。表現の意志のようなものは、それが他者に向かうものである限り常にもつべきだと思うからです。

みんなで考えた表現ではなく、ひとりの思いが結晶化した表現のほうがはるかに強い。テーマとは、ひとりの思い、のようなものかもしれません。

ちゃんとコンテを書こう

企画コンテを絵で描かない、カット割りを考えないクリエイティブのスタッフが最近増えています。僕は、そのことは猛烈に僕らの仕事を劣化させていると考えています。

前半で述べているように、僕たちは映像の設計をしているのです。文字コンテで適当に面白そうに言葉を並べてごまかしてしまっているものを見ると、映像の仕事に対する無責任さすら感じてしまいます。カットを割るべきか、ワンカットでやるべきか。歌にすべきか、台詞のボリュームはどうあるべきか。どのカットからストーリーをはじめると効果的か。冒頭の台詞をもっと惹きのあるものにする必要はないか。15秒の正しい使い方はどうあるべきか。そういうことを徹底的に考え抜いて完成された設計図としてのコンテが、そこにあるべきなのです。プロにはプロの答えが必要なのです。

演出家にそこをまかせて、穴だらけでゴールをイメージできていないコンテを書いていては、映像表現をつくる者としてのスキルは絶対にのびません。15

秒にどのくらいのボリュームが入るのか、このコンテがどのくらいのテンポで進むのか、どんな仕上がりになるのか。クライアントや俳優たちにきちんと語れるだけの完成度をもつべきです。幼稚なあらすじを企画と呼んでいてはいけません。コンテをネットの画像を貼り付けてつくるなど、論外です。すでに世の中にあるものでビジュアルをつくる、そのことの不毛さを考えるべきです。絵コンテを描き続けて、たくさん映像化していく。そのプロセスを繰り返すことで、直感的な部分が鍛えられたりするのです。

最近のグラフィック、とくに広告写真が少し古くなっている、個性をなくしていて鮮度を世の中に与えていないと言う人がいます。その原因のひとつは、すでにある写真でつくるカンプにあるのではないか、と僕は思います。プレゼン時の完成度を優先するために、オリジナリティを少し削ってしまっている。仕事の仕方ひとつひとつでいろんなものを失ったり得たりもする。そういうことにも、いちいち猜疑心をもっているべきだとも思います。そこに対する疑いをもつかもたないかで、最終的な表現はやっぱり変わってくるものだと思うからです。

いくつか、僕の描いたコンテを載せてみます。シンプルなものですが仕上がりに対する考えが細部に反映されています。

もしもインテルが入っていたら　～サボテン篇

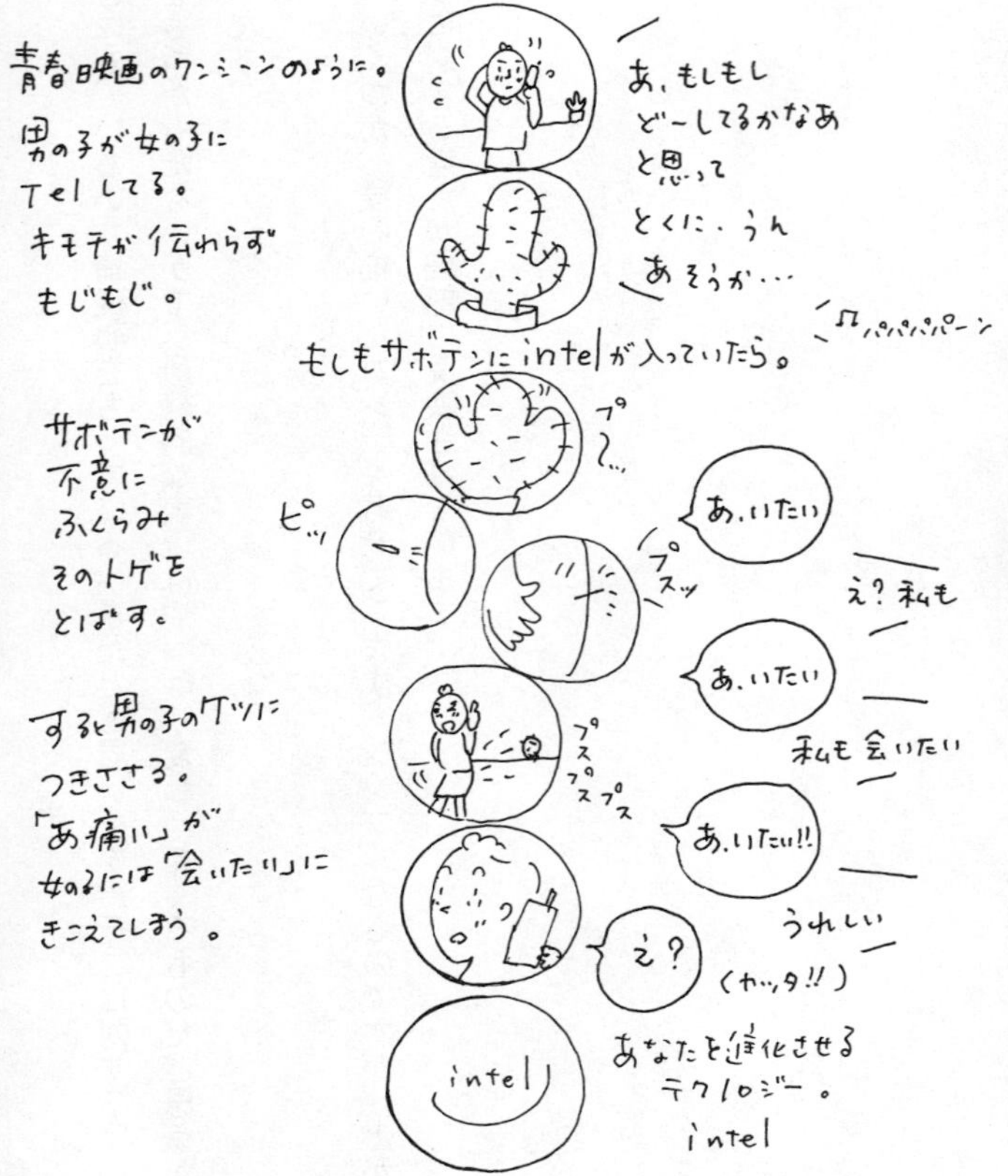

明治　XYLISH　～人間の照明篇

帰宅した男。
リビングにくる。
そして「人間照明」を
つかってくらす
オシャレな
1日のおわり、を
描く。

人間照明たちは
口をあけると
歯が光り、
それはおしゃれな
インテリアのよう。

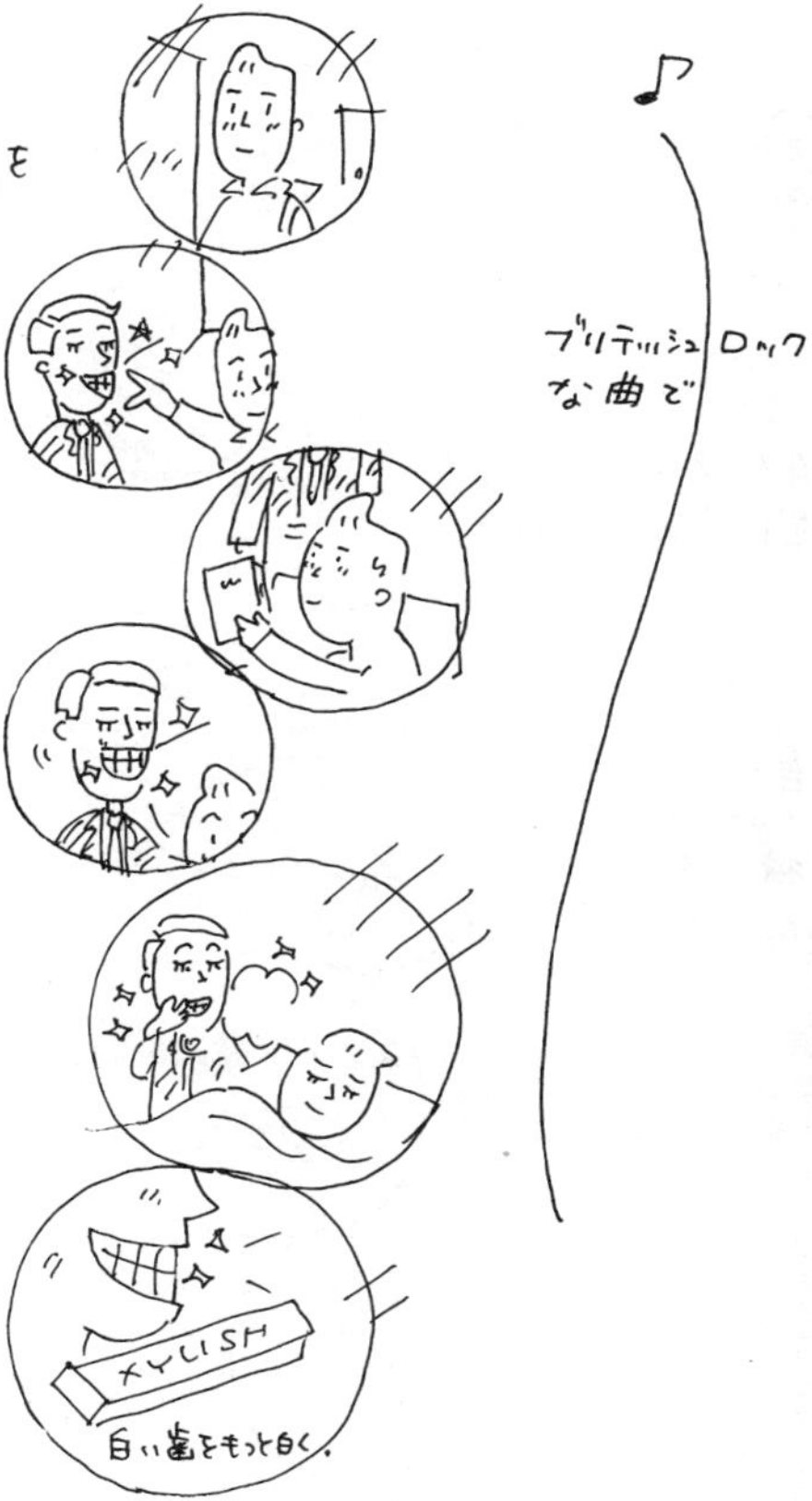

明治　XYLISH　～息だけは福山雅治篇

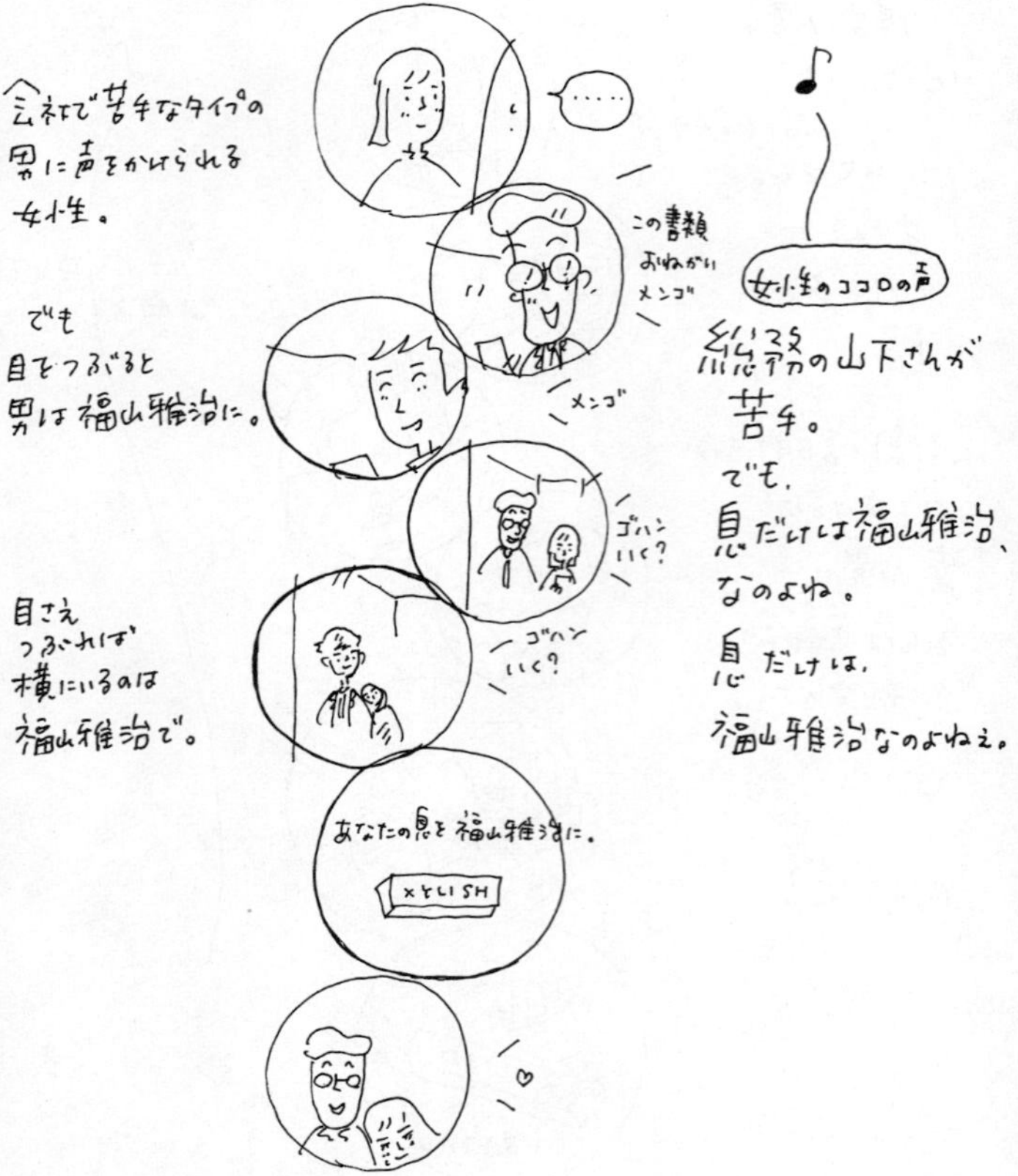

声を送ることができるネットのサービス　〜筆談ケンカ

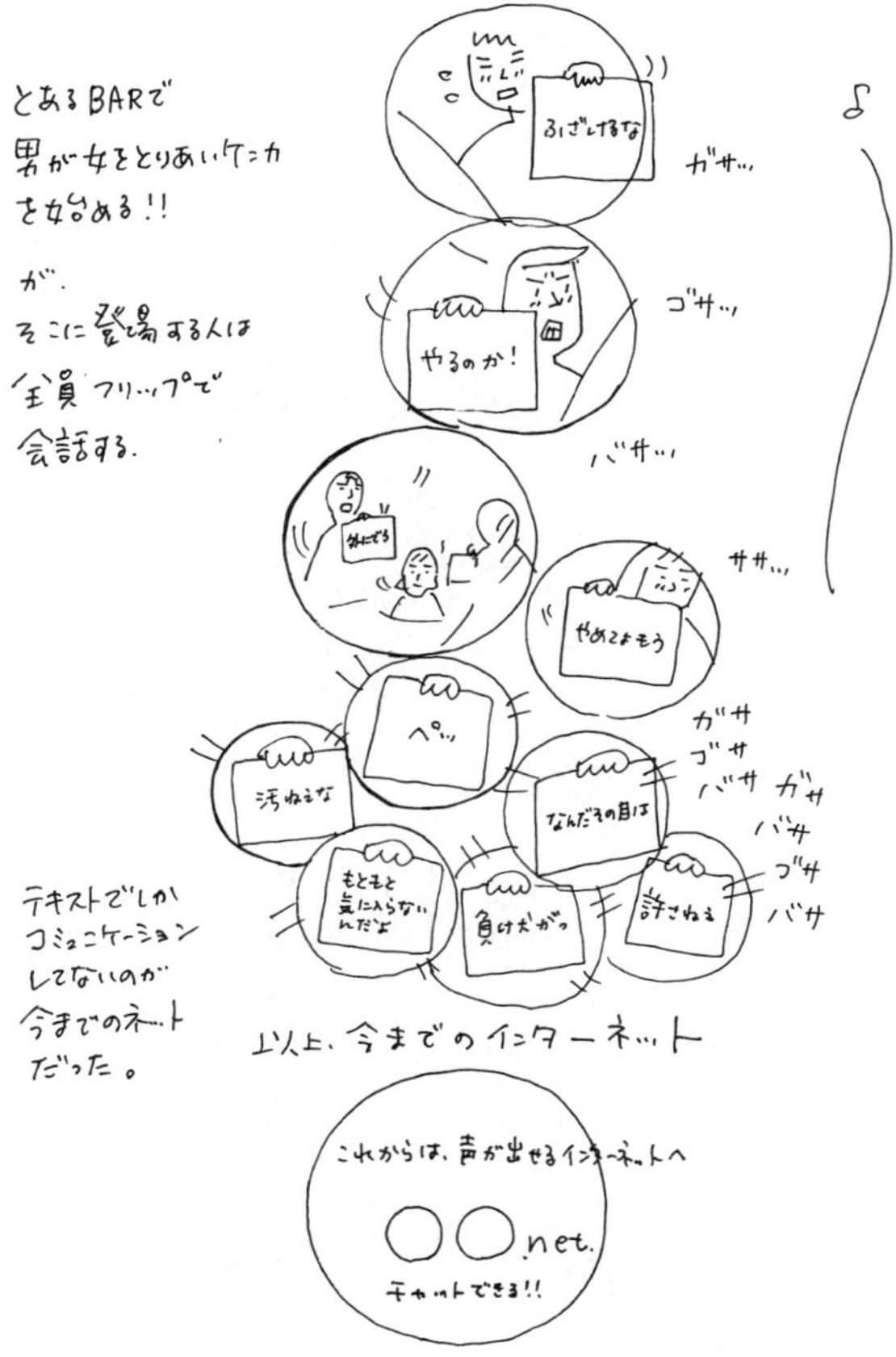

SUNTORY　オールフリー　～娘のカレシ

娘のカレシとパパ。
縁側で2人オールフリーをのんでいる。

娘は料理している。

娘（カノジョ）をチラッと
見て、男は父親に
ひとこと言う。

すると父親、
その台詞を否定する。

と
みえて…

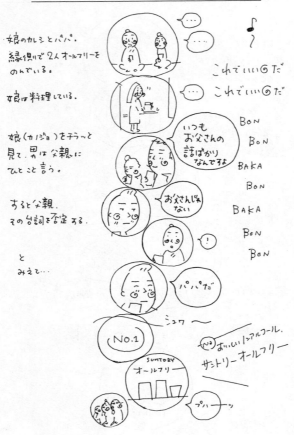

小学館　テレパル　～パンツ

ごく普通のオフィス。
ひとりの女性が
いつものように仕事をしている。

課長、
捺印
お願いします

オッ、ハイ

どうもありがとうございます

そこにアテンション音と
ともにひとつの情報が
与えられる

PON!

そして再び
全く同じ映像が流れる。

だが、その意味は
たったひとつの情報によって
大変化をしている。

課長、
捺印
お願いします

オッ、ハイ

どうもありがとうございます。

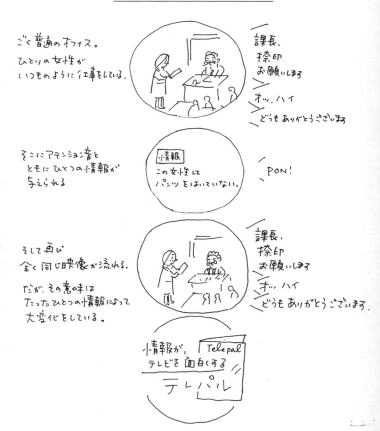

言葉を映像の武器にする

小説を書き始めたとき、編集者に何度もきつく言われたことがあります。それは「視点を動かすな」ということでした。一人称ではなく三人称で小説を書こうと決心した最大の理由が視点を自由にできるからだったのでとても困りました。くわしく説明を求めると三人称でも主人公を明確にして、主人公の知り得ない話はあまり書くなということでした。そうしないとジオラマを見ているようなものになってドラマを感じなくなると。そのときはあまり理解はできていなかったのですが、あるときふとそれは「カメラの位置だ」と理解した瞬間すべてがすとんと腑に落ちました。ためしに主人公のすぐ後ろにカメラがある。そういうつもりですべてを書き直しました。するととたんに頭のなかに映像が浮かぶ文章ができあがりました。読者の居場所をつくって物語をつくっていく作業が小説の場合とても大切なのだと思い知りました。

映画プロデューサーの川村元気さんと雑談していたときに、僕たちの書く文章はどうしても脚本の構造にしてしまいがちだという話になりました。脚本には柱というものがあります。

シーン8　学校　夜

誰もいない教室に影がふたつ動く。川村と髙崎が睨み合っている。

川村「文句あるなら言えよ」

みたいなものです。でもこれが小説だとなるほどひどくつまらない。

夕焼けの空に小さな雲がふたつ取り残されていた。誰もいない校庭に上履きが片方だけ転がっている。きれかけた蛍光灯がチチチッと今にも割れそうな音をたてている。机を引きずる音がする。川村が制服の第一ボタンを面倒くさそうに外した。髙崎が手に持っていたノートを床に叩きつけた。

「文句あるなら言えよ」

川村は髙崎の目を見ると低く威嚇するような声で言った。


こんな風に書いてそれははじめて小説になる。小説は状況の説明を地の文や登場人物の台詞を駆使して気持ちの良いリズムでつくっていくものだということです。脚本は映像を撮るための設計図だからそんなまどろっこしいことは必要がない。こういう違いを自覚すると手段がいかにその内容に影響を与えるかがよくわかります。映像にしかできないこと、小説にしかできないこと、それを考えるヒントがここにはあります。

ＣＭでいうと言葉は時間を圧縮する手段としてとても有効です。いわゆるオフナレというものです。

会話だけでつくるＣＭ

おい
トーキョー
なんですか
それ
あだ名だよ
あだ名、
お前 東京出身だろ
そうですけど
……
なんだよ
どうでもいいだろ
変なクセですね
それより
新幹線
いつだっけ
○月○日
です
そっか
いよいよだな
MY FIRST
AOMORI

主人公の心の声をそのコンテにいれると、いろんなことが省略したコンテがつくれてしまいます。

ナレーションで工夫するＣＭ

人間関係のこと、設定のこと、このCMの面白いポイントへの焦点、そして絵にはないことなど、いろんなことをオフナレは解消してくれます。さらにこれを進化させると歌モノがつくれます。

歌でストーリーをわからせるCM

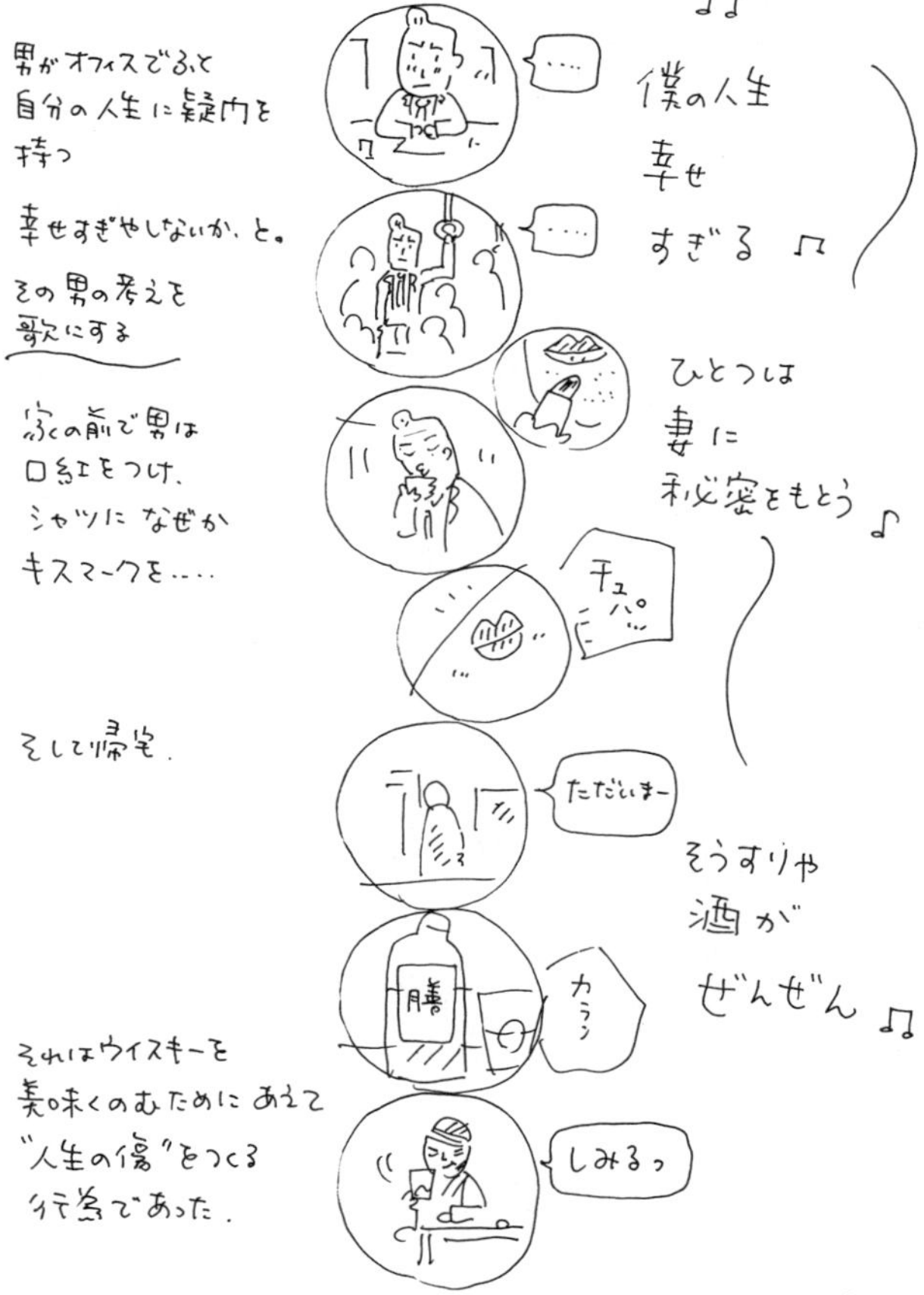

これは歌で主人公が何を考えて何をしているのかを全部説明してしまっています。このことによって幸せすぎて退屈しているという部分の表現は圧倒的に簡略化できています。言葉と映像の関係をひねるとそこにはさっきまでなかった表現があったりするのでぜひやってみてください。

アイデアは目的が連れてくる

アートと広告の違いはどこにあるか。それはその表現が「目的」をもっているか否かだと言われています。僕も異論はありません。ただ、広告以外の小説や映画や舞台を経験してきて思うのは、商品を売るという目的はないにせよ、人がその表現と出会って「なにを感じるか」「どういう変化をするか」を考え、それを目的として設定して表現を考えることはどんなものでも同じかもしれないということです。

ミッションをもつこと。
どんなミッションを達成すべきなのか、をまず考える。

ミッションを見つけると、表現がなにをすべきか整理されていきます。いちばん簡単な例として「I LOVE YOU」で説明します。

AはBに「I LOVE YOU」を伝えたい。

その表現方法は無限にあります。けれどいくつかの状況に応じてその方法は決まってきます。

(1) Bには今、つきあっている人がいる。
(2) BはAのことを知らない。
(3) AとBは昔つきあっていた。
(4) AとBは親が敵同士である。
(5) AとBは言葉が違う。

それぞれにそれぞれの「I LOVE YOU」の表現が存在します。どういう相手になにを伝えるのか。目的が方法を決めるのです。

（1）別れてでもこっちに来てもらうための「I LOVE YOU」。
（2）気持ち悪いと思われない「I LOVE YOU」。
（3）以前とは違う自分を感じさせる「I LOVE YOU」。
（4）相手を安心させる「I LOVE YOU」。
（5）相手の国の言葉で伝える「I LOVE YOU」。

状況がミッションを生み、ミッションがディテールを決めるのです。そこを明確にすると、表現はより強くなります。

映像で考えてみましょう。たとえばひとつのミネラルウォーターがあります。そのミネラルウォーターの表現を考える前に「働く女性に愛される水になる」というミッションを決める。するとその水のCMの印象も、キャラクターも、音楽も、言葉も、すべてその「働く女性に愛される」ということが基準になります。

だからこそ、このミッションの発見がとても大切です。ここに魅力的なものを発見できるかどうかがその広告、その表現の質の8割くらいを左右するのです。実際、本当の意味の「ミッションの発見」をしないまま、市場のシェアやコンセプトの浸透だけを「目標の設定」と勘違いしているケースが実はほとんどです。ミッションは、そこにすでにクリエイティブが施されているものなのです。その商品と世の中の関係の設計図のようなものなのです。そしてそれはクライアントから与えられるオリエンシートには100パーセント書かれていないものです。

ミッションの見つけ方

商品をじっと見つめてその言い換えをしていても、そこから表現が生まれることはありません。商品は表現の切り口を教えてはくれません。それは商品と人、もしくは世の中との関係のなかにあるのです。少し具体的に考えていきます。

（例）

たとえば郵便ポストを、

郵便ポストと言わずに表現してください。

赤いやつ

手紙を届ける装置

町の連絡箱

手紙届け窓口

古い伝達装置

などなど

この時点では、これはただの言い換えです。なんの目的意識もない、ただの言葉遊びです。もし誰かの心に作用したとしても、ただの偶然です。次に、目的をひとつ与えてみましょう。

（ミッション）

デジタルのメールより価値あるものに見せる。

すると郵便ポストをデジタルでは伝わらない「温もり」を伝えるための装置として表現する、というアイデアが浮かびます。表現のテーマが「温もり」になる。そういうコピーが生まれる。それを伝える音楽が想像できる。それを物語でやるかフィクションでやるか、どちらがより強く「温もり」を感じるかで決められる。ミッションを決めると、こんなふうに表現の細部を決める理由になります。理由のひとつひとつで間違いのない選択をしていくと、強い表現がやがてできあがります。

これは、すべての表現にあてはまります。極端に言うと、結婚式のスピーチもそうです。新郎の母親を泣かせる、とミッションを決めたらその内容も構成もより明確になるはずです。これは広告にとくに求められるものですが、この思考回路を鍛えたら、どんな表現にも対応できるようになります。

商品をPRする必要のない映画や小説のような、どちらかというと自分を見つめて掘り下げて創作することが求められる表現でも、それがどんな人にどんなふうに作用するのかを想像することは、とても大切なことだと思います。いいミッションを発見すると、表現もすんなりでてきます。無理矢理ひねりだしたミッションは、表現をなかなか連れてきてはくれません。自分が正しくミッションを発見しているかどうかは、「表現のイメージ」がそこにすぐついてくるかどうか、で判断することができるものなのです。

ミッション発見具体例

＃01　明治　キシリッシュ

（オリエン）「歯が白くなるガム」

←

オシャレでカジュアルなガムへ

←

歯が白くなりすぎて光るＣＭをつくる

←

息をテーマにしたほうが購入頻度があがる

←

「息をオシャレに」

←

デオドラントよりフレグランス

競合商品は圧倒的シェアをもっていた。そのアプローチは真面目なもので、歯医者さんが薦めるというくらい本格的なお墨付きのある印象を人に与えるもの。そういう相手に対して「歯を白くする成分を強化した」商品の広告でどう戦うか、を考えた。歯医者的アプローチではないマーケットの開発ができないか。たどりついたのが「オシャレ」だった。もっとカジュアルに、虫歯対策というネガティブな気持ちではない商品としてのマーケットをつくるというミッションにした。

そのミッションを起点に、歯が光る人間がたくさん登場する「人間照明」というCMをつくる。その後、商品の周辺を注意深く見ていると、「歯を白くする」ために買うよりも「息を気にして」買うほうが購入頻度が圧倒的に高そうだ、と気づく。もともとこの商品には歯と息の両方の効能があったので、以降の商品の存在価値を「息」のほうにシフトするようプレゼンテーションする。

息系のマーケットでどう戦うか。息をただきれいにするガムではなく、前述のオシャレ（カジュアル）というブランドの価値をそのまま継承し、「息をオシャレにする」というコンセプトを設計。

表現は、オシャレなものでなければならない。ただ、ガムはガム。化粧品のようなオシャレではなく、ガムらしい親近感あるオシャレを求めた。その時、留意したのは、デオドラントとしての効能を伝えるのではなく、香り、フレグランスとしての効能を伝えること。まずデオドラントは、その考え方からオシャレではない。つまり気をつけたのは「くさい息」の描写をしないこと。それは一見、企画を簡単に面白くするように思えるが、そうではない。商品をよく見せるために、使用前のマイナスを誇張するのは企画の都合だから面白くはならないのだ。

#02 ＪＲ東日本　東北新幹線

（オリエン）「12月４日新青森駅開業の告知をする」

←

青森と新青森の間にある地元の意識の温度差

←

開業の日だけを広告するのではなく

「青森」という観光地を意識させるべきだ

←

地元青森の一体感を起点にしたブームをつくろう

←

朝の連ドラや大河ドラマが地元にもたらす熱を

広告でもつくれるのでは

←青森版ぼっちゃんという連続シリーズを

単なる駅の開業の告知ではすまない仕事だった。青森のエリアごとの温度差を問題に感じたクライアントと僕たちは、全域が駅の開業を「自分ごと」と感じるためのプロジェクトを設計した。

直前までＮＨＫの大河ドラマ『龍馬伝』を手伝っていて、そのコンテンツのもたらす地域への経済効果を目の当たりにしていた僕は、広告でもそれができるのではないかと考えた。地元を巻き込んで、一体化し、それが確実に経済効果をもたらすことが。青森で知らない人はいないくらい大々的にヒロインを募集し、その女の子が連ドラ的なＣＭシリーズでたくさんの地元出身の有名俳優たちと共演する。それは確実に地元での大きな共通の話題に成長した。

青森版ぼっちゃん

最初から最後まで僕はこのシリーズを人に説明するときにそう言い続けた。
ひと言ですべての人が納得し、イメージを膨らませてくれた。

#03　サントリー　オールフリー

（オリエン）「アルコール、糖質、カロリーがゼロの新商品の登場」

←

「ビールの代替品」という従来のネガティブな商品でなく、
ポジティブなノンアルコールビールというポジションを
つくるというミッション

←

なにも気にしなくても飲めるもの

←

「これがいいのだ」

最初にオリエンをもらった時は苦しかった。世界初のスペックをもった商品は、パッケージもネーミングも今とはまったく違うもので、とてもビールっぽいものだった。いくら面白いものを考えてもどこか確信がもてなかった。

数日後、競合他社からほぼ同じ内容の商品が発売になることが報道された。敵ができた。僕たちは焦った。けれどその報道の内容を見たときに光明を見た。

その直後に、クライアントが劇的にパッケージとネーミングを変えた。

それを見てどうやったらその敵を攻略できるかは、瞬時にわかった。と同時に、自分がずっと後ろめたい気持ちになっていた理由もわかった。人がその商品を買うときの気持ちがネガティブなもの、と思っていたからだった。「飲めないとき」「飲めないから」を描くことがどうしても広告をネガティブなものにする。すべての答えは、新しくなった商品がもっていた。

ミッションは簡単だった。

ノンアルコールというカテゴリーを
ポジティブなものに変換する、だ。

これを思いついたとたんに、コピーライターが「これがいいのだ」と書いた。僕はバカボンの歌をボサノバにして、タレントの頬に渦巻きを描いた。すべての表現のパズルがはまりはじめた。

ポジティブ発想でつくる

魅力的なミッションがあると、それだけで表現は十分魅力的になっていく。逆に言うと、魅力的な表現をつれてこないミッションはだめなミッションだ、ということになる。

表現だけ考えていても、表現は魅力的にはなりにくいものです。なにをするべきか。どういう変化を世の中に与えるべきか。まず徹底的に考えること。制作者が達成できたら面白いと思えるミッション。クライアントが巨額の広告費を投じてやってみたいと思うミッション。視聴者が変化したくなるミッション。この3つは、ひとつの優れたミッションで叶えられるものです。すべてをクリアするものを、僕たちは考えださなければいけません。

これは、マーケティングからは生まれないものです。極論するとマーケティングとは過去のデータの分析です。その対象は商品や表現が世の中に出現する前までの状況にすぎません。新しい商品や表現が登場したときに、どういう変化が起きるかまでは教えてくれません。これはなにをゴールにするかという意志の問題に近いのです。表現の意志をつくりだすということなのかもしれません。

そのときに大切なのが、いくつかの事例でも述べているように、商品を決してネガティブにとらえないこと。世の中との関係のなかでポジティブな存在にすること。その意識がミッションの根底には必要です。マイナスの誇張で広告をつくると、つくっている人間は面白いかもしれませんが、見ている人は決して面白いとは感じないものです。商品を信じる。商品を愛するということに近いかもしれません。

広告はものを売るために存在しています。けれど、ものを売る以上のことができたりもします。ウイスキーの広告で、ウイスキーを飲まない小学生が誰かに優しくすることを学んだりすることがあるかもしれない。飛行機の広告で、誰かがもう少しがんばってみようかと思うことがあるかもしれない。そしてそういう心の経験をした人は、その広告をつくった企業のことを好きになる。そしてその商品以外でも、その企業のものを選択したりする。そういう視点をもって、広告という表現をつくることの大切さを忘れずにいたいものです。

この世界に広告の存在する意味を日頃から真剣に考えておくこと。それが企画の見えない土台になって表現は生まれるとも思います。つくる人間が、人間をどう見つめているのか。直接的ではないけれど、やはりどうしようもなくそれはにじみでてしまう。

クライアントがこう言うから。このぐらいのレベルでつくったほうがみんなに伝わるから。そういうもののつくり方や姿勢が、実は広告という表現そのものを痩せさせてしまうのです。つくり手自身が100パーセント信じていないもので、世の中を動かすことになんの意味があるのでしょうか。

広告は世の中をつくるひとつの要素です。その自負とモラルをもっておくこと。魅力的で力強いミッションは、そういう人間が発見するのです。ポジティブな視点でつくられた表現だけが、人を幸福にするのです。製作者のひとりよがりな表現は発想が貧しい。タレントさんに、へんなことをさせて悪い笑いをつくるようなものをときどき目にしますが、それは発想に品がない。ネガティブなことを表現にすると、一見面白いものに見えがちですが、その面白さはつくり手の下品な思想が珍しいにすぎません。それをチャレンジと呼んではいけない。それを表現の自由などと呼んではいけない。その精神の貧しさは結果的に、クライアントにもキャストにも世の中にも、なにひとつプラスには作用しません。

誰かを傷つけるものをつくる必要は
どこにもないのです。
誰かを傷つけることで手に入るものには
なにひとつ価値などないのです。

つくり方をつくる

つくり方をつくる

新しい表現は、常に新しいつくり方とともに現れるもの。だからまず手に入れたい表現を明確に意識して、それを手に入れるための方法ごとクリエイトすべきだと思います。

映画をつくったときに、映画の現場があまりにシステマティックにできていて、怪獣映画だろうと恋愛映画だろうとサスペンス映画だろうと、同じ「段取り」で進んでいく感じに少し嫌な違和感を覚えたことがあります。けれど、振り返って広告のことを考えるとその「段取り」の異常さは映画の比ではなかった。自分の世界のことは、なかにいるとよくわからないものなのかもしれません。

最終的にできあがったものが「全然だめだ」と言われないようにするための数々の確認の段取りは表現をだいぶ既製品化させている。面倒を省略することは、表現の可能性を省略することでもある。段取りによって確認されると疑う力もなくなり、そこから磨きをかける機会もなくなっていく。それはちょっと問題だなと思います。より強い表現を手に入れるには、できることは全部残らずやるべきです。簡単に言うと、作業の段取りも含めてすべてのステップで考えることを省略しないということ。常識や文法や作法というすべてのものは、ゴールを決めたときに一度疑ってしかるべきです。表現をつまらなくするのは本当に簡単で、表現がつまらなくなる理由はどこからともなく侵入してくるのです。どのステップでも油断はしないことです。

とあるポスターの撮影で、僕たちはふたりの役者さんたちの演じる父と娘の「自然な表情」が欲しくなりました。いつもなら「自然な感じで」とお願いして撮影をしていくところですが、このときは映画のような役に入った「自然さ」が欲しかったので次のような台本を書きました。これはまったくどこにも出ていかないものなのですが、映画の撮影と同じ段取りをつくって通しで芝居をしてもらう。その流れをカメラが好きに切り取っていくという方法をとりました。

◎父と娘

気持ちのいい春の日。
父は縁側で美味しそうにオールフリーを飲んでいる。
奥で娘は父の本棚を物色している。
手にはオールフリー。

娘「へー。こんな本読むんだ」
父「ん？　どれ？」
娘「向田邦子」
父「読むさ、向田邦子ぐらい」

娘「借りていい？」
父「もちろん」
娘、本を片手に父の側に来る。
本をめくると写真が一枚はらりと落ちる。
娘「ん？」
見ると美人。
娘「誰この人？」
父「ん？　……知らない」
娘「何？　その微妙な間は」

父「向田邦子じゃないかな。たぶんそうだと思うな」
娘「違います。向田邦子じゃありません。そのぐらいわかります」
父「誰かが間違えたんじゃないかな」
娘「誰が？」
父「誰かが」
娘「きれいな人だね」
父「そうかな」

娘、なにかをごまかすように飲む父をじーっと見る。

父「なに？」
娘「いいんじゃない」
父「なにそれ」

娘「私はそういうの、いいと思うよ」
父「そういうのってなに？」
娘「まあ、いいって」

娘、写真を父に渡して美味しそうにオールフリーを飲む。

娘「ぷはー」

そして、父の視線を気にせず本を読みはじめる。
父、オールフリーを飲みながら娘をしばらく見る。
そして、しかたないか、と目線を外し、写真を見る。
すこし懐かしそうな顔をして、オールフリーを飲む。

娘「あ⁉」

本のなかにまたなにかを見つけた様子。

父「え⁉　なに⁉」
娘「……うっそー」
父「なによそれ、そういうのよくないよ」
娘「ふふふ」
父「ふふふってそういう笑い方もやめてよ」
娘「ふふふふ」
父「よしなさいって」
娘「ふふふふ」

父、しらんぷりしてオールフリーをぐびっとひとくち飲む。
娘、父をちらりと見て、
空の向こうにいつもより低く飛んでいるような気がする飛行機を
目で追った。

こういう方法で撮影した写真は、やはりどこかきちんと演技のスイッチの入った「自然」なものになりました。なによりこういう行程でクリエイティブする手間を惜しまないことがいろいろな形で作用して、いい写真が生まれるための原因になっていったような気がします。ゴールに向かって最適な方法をその都度考える。それも僕たち企画者の考えるべきことなのだと思います。

広告の世界に入るまで、なにひとつ表現についてちゃんと学んでこなかった僕は、まずひとつのことを徹底的にやりました。自分の好きなもの、心が動いたものを集める。広告も映画も新聞も絵ハガキも絵本も小説の文章もバーのマッチも、なにもかもを集めまくりました。そしてそれをファイルして、単にネタとして保管するのではなく、なぜ面白いのか、これをどう使うと面白くなるのかをすべてメモしていきました。それは、自分の生理を客観的に理解することと同時に、面白いものがなぜ面白くできているのかを考えるヒントになり、ひとつの感覚を表現にまで延長する訓練になりました。とくにCMの場合は、もっとこうすると面白いとか「商品が別のこういう商品だとこのCMはものすごく面白くなるのに」など、いろいろな角度で分解と再構築を勝手にし続けました。カンヌで絶賛されていようがいまいが、自分がなにかピクンとしたものをすべて対象にしました。自分が面白いと思うものを自分でつくるためにどうするか。それはつくり方を模索する時間でした。

自分にフィットしたつくり方をつくる。つくりたいものに自分が近づくための方法を考える。他人の用意した教科書的なものを勉強みたいになぞっていても、それは手には入らない。自分が使える文法を発見する。それを使ってより高い次元の答えをつくる。そうやって自分のスキルをのばすことは、プロとして当然やるべきことだと思います。

感覚という幻想に甘えて文法を学ぶことをしないのは論外ですが、自分で開発したスキルを持たないクリエイティブもプロとは言いがたいと思います。僕たちはそのスキルを磨く時間と機会を与えられて、生きているのです。その時間のない人からクリエイティブして欲しいと仕事を依頼されるのです。だからこそ、徹底的に磨いたスキルで答えを見つけるべきなのです。

映画のつくり方をつくる

念願だった映画の仕事が来たとき、興奮と同時に恐怖心でいっぱいになりました。大好きな映画に「才能なし」と烙印を押されてしまうのではないかと。15秒の世界で生きてきた人間に2時間の物語がつくれるのか。広告の世界ではストーリーを描くのが得意と言われていても、所詮、広告のなかでの話。どんなにめちゃくちゃでも商品が出てきたら一応着地はするのが広告です。そんな世界しか知らない人間が、商品というよりどころが一切存在しない映画をどう着地させたらいいのか。「やっぱり広告の人間には映画は無理だ」と言われるのではないか。いろいろな不安が一気に押し寄せてきました。とはいえ、大好きな映画をつくるチャンスだったので、広告的な映画をつくって「新しい映画」などと言って逃げることは絶対にしたくありませんでした。

そこで、ＣＭの世界に入った頃にしたことをもう一度やってみることにしました。好きなものを見つける、そしてなぜ好きかを考えるという自分の生理を確認する作業です。今まで見てきた映画のなかで、ジャンルを問わず自分が好きだと思っていた映画たちをもう一度続けて見ました。

それは当時普通の観客として見ていた映画を、製作者、とくに脚本家として見つめ直すことになりました。この作業は、実にたくさんの発見を僕に与えました。ジャンルに関係なく自分の好きなものには、構造上の類似点があること。複雑に構成されているように見える人物の絡み方にも、なにかしらルールのようなものが見えること。ファーストシーンとラストシーンが同じなのに、意味が違って見える映画が相当に素晴らしく思えること。たくさんの発見がありました。そしてそのなかで、いちばん自分のやろうとしている映画にプロットが似ているものをひとつ選んで徹底的に分解することに挑戦してみました。独学で自分の「映画のつくり方」をつくることからはじめてみたのです。

まず、ひとつひとつのチャプターを付箋に書き、それを壁に並べました。そしてさらに細分化して細かく分解し、登場人物ごとに整理して並べてみました。そこまでしたときに、今まで完璧な脚本を書くのは特殊な才能がある人間の仕業に違いないとしか思えなかった映画のシナリオが、突然ひとつの「構造図」になったのです。魔法がとけた瞬間でした。そして、魔法のとけた「構造図」は、実は万人が使える脚本の基本形だということを発見しました。

すべての映画がおよそ3幕で構成されていたのです。

1幕に「問題の提起」
2幕に「問題の複雑化」(信じていたものが崩壊する)
3幕に「問題の解決」

どんな映画もこの構造をもっていました。そして登場人物が3幕を通してなにかしらの「成長」をすること。

それを地球に帰還できるかわからない宇宙船でやるか、正体不明の伝染病でやるか、価値観の違う上司とのトラブルでやるか、別れてくれない恋人でやるか。大雑把にいうと設定を置き換えているだけで、映画はひとつのパターンでできているようにすら思えました。映画の基本の構造図を僕はそうやって手に入れたのです。

そして、あるディズニー映画でそれを徹底的にやることにしました。構成の見事さに感心したことと、都会の若者が田舎の町に住むことで起きる対立と変化という設定が、自分の抱えていた『ホノカアボーイ』という原作の映画化に近いものを感じたからです。

そして分解をしきったあとに、その映画と『ホノカアボーイ』の要素を置き換えて、一度脚本を書いてみました。それは、実際につくり上げた映画『ホノカアボーイ』とはまったく違う内容のストーリーになりました。そのあと、原作に対する解釈と愛情をそそぐ形が他の方法のほうがふさわしいと判断し、また別の方法論で書き上げました。

結果的に無駄になったこのディズニー的『ホノカアボーイ』を書き上げるプロセスは、自分に大きな経験を与えてくれました。脚本のつくり方を、構造的に把握し、一度自分の体を通して経験することができたのです。これは大きな収穫でした。

典型的なハリウッド映画『ダイハード』で具体的にやってみましょう。

ダイハードを分解する

まず、映画を見ながらメモをとります。起きている事柄を順番にメモをしていき、それを改めてカタマリごとに整理していきます。台詞や細かい描写ではなく、物語を進めている出来事を書いていきます。

01　飛行機が怖い男が、娘へのクリスマスプレゼントを抱えて、ニューヨークからロスへ、別居中の妻子に会いに来る。

02　ナカトミ商会のビルで、派手なクリスマスパーティが行われている。

03　妙に軽いリムジンの運転手に迎えられる男は、妻のいるナカトミ商会へ向かう。なにかに巻き込まれそうな予感。

04

アナログな男はそのハイテクビルに驚く。妻は旧姓で働いていた。複雑な心境の男。パーティ会場に行くとやはり場違い。上品な日本人社長に重宝されている妻。嫌みな男が、妻の昇進をねたんでいた。男はロスにまったく知り合いがなく、その日、妻と子どもの住む家に泊まることになった。

05

不穏なトラックがナカトミビルの地下に入る。侵入者たちが次々とビルのセキュリティを破り、ビルを外部から封鎖する。

06

別なところにいた男は、会場の異変に気がつく。銃声とともにパーティ会場を占拠し、社長を拘束する侵入者たち。目的は不明。

07

男だけがビルのなかを動ける状況に。敵とビルの大まかな様子を把握する。犯人たちは社長に金庫の暗証番号を聞こうとするが失敗。社長を殺す。

08

男、火災報知器を壊し、外部への連絡を試みるも失敗。自分の存在が犯人たちにばれる。犯人をひとり片付けて、宣戦布告する。妻がそれを男の仕業と気づく。「嫌みな男」もそれに気づく。男、奪ったトランシーバーで警察と連絡をとる。ひとりの冴えない警官が現場に向かう。が、犯人たちの演技に騙され戻ろうとする。男は、上から犯人の死体を突き落とし、あえてパトカーに乱射する。そしてなかで起きていることを気づかせる。やがてたくさんのパトカーがやってくる。

09

男、犯人たちのボスに宣戦布告。テレビ中継が来る。男、犯人たちから起爆剤を奪う。妻と犯人が接触。官僚的で機能しない警察。いらだつ冴えない警官に、男はトランシーバーで連絡をとり続け、状況を説明する。突入隊が次々に犯人にやられる。装甲車すら、対戦車砲で撃破される。敵の圧倒的なスケールと周到な準備。男は奪った爆弾で対戦車砲をふっ飛ばす。唯一機能している男の抵抗。

10

犯人たちの素性がテロリストであることがわかる。機能しない警視より警官をパートナーに選ぶ男。「嫌みな男」が、男と交渉すると申し出る。余計なことをして殺される。犯人たちは世界中のテロリストを解放するよう嘘の要求をする。金庫の暗号が次々に解読されていく。最後の扉は開かない。

11

テロリスト対策としてＦＢＩが現れる。男、犯人のボスと直面するが、ボスが人質のふりをする。男、それを信じてしまい、護身用に銃を渡す。ボスは銃を男に向ける。が、そこには弾は入っていなかった。絶妙なかけひきに男が勝つ。そこに犯人の仲間が現れて銃撃戦になる。裸足の男はガラスの破片で足に深い傷を追う。それでも男に逃げ切られた犯人たちは激昂する。

妻「あんなに人を怒らせるのは、
　あの人しかいないわ」

12

ＦＢＩは教科書通りのテロリスト対策をとる。ビル全体の電源を落とす。けれどそれは犯人たちの狙いだった。電源の落ちた金庫は扉が開いて、６億４０００万ドルが出現する。男は、トランシーバーであの冴えない警官に伝言をして、妻への遺言を残す。警官は自分が銃を撃てなくなってしまった過去を告白する。

13

テレビ局は男と妻が人質だと気がついて、子どもたちに取材する。ＦＢＩが武装ヘリを投入する。妻が人質になって金庫に連れていかれる。そのことを男が知る。屋上からビルへ突入しようとするが、屋上には大量の爆弾がしかけられていた。男はそれに気がつき銃をヘリに向けて撃つが、テロリストと勘違いされて逆に狙撃される。屋上でヘリごと爆発。奇跡的に助かる男。男の手にはもう銃弾が2発しかなかった。

14

リムジンが地下で犯人の逃走用の車のあとをつける。そして体当たりしてつぶす。男が金庫に現れる。が、すぐに見つかり、妻を盾にされて銃を捨てさせられる。が、背中に銃をもうひとつ貼りつけていた。そのなかの2発でふたりの敵を撃つ。ボスの最後。すべてが終わったあとに対面する警官と男。と思ったら敵が現れる。警官が躊躇なく犯人を撃つ。自分の行動に驚く警官。妻は自分や家族を危険にさらしたアナウンサーを殴る。あのリムジンが迎えにくる。男と妻はキスをして現場を去る。

プロットに戻す

出来事の整理をして、一度分解したものを今度はより大まかなプロット（あらすじ）にしてみましょう。

飛行機嫌いのニューヨークの刑事ジョン・マックレーンは、妻ホリーとふたりの子どもたちとクリスマス休暇を過ごすために、ロサンゼルスへやってきた。

別居中の妻は、ロスのハイテク日系企業で出世していた。男はその会社のクリスマスパーティに出るはめになってしまった。アナログな男と正反対のハイテクを極めた高層ビルは、男には居心地が悪かった。

そのビルをテロリストが占拠する。目的は厳重に管理されたハイテク金庫のなかの6億4000万ドル。

偶然、男はパーティ会場を離れていた。男の孤独な戦いがはじまった。

唯一の頼りは、トランシーバーを介して通じあえた頼りない警官。官僚的な警察も、マニュアル的なFBIもまるで機能しないなか、男はたくさんのケガを負いながら、奇跡的な活躍をして敵を追いつめていく。

その戦いは、男と周辺にたくさんの失われたものをとり戻させた。

このプロットは今、実は無敵のプロットなのです。ストーリー構築の基本骨格がここにあるのです。つまりこの設定を置き換えたら物語はいくらでも手に入るのです。次に、いくつか別の設定に置き換えてみましょう。

◎時代劇にしてみます。

明治がはじまったばかりの頃。冴えない元武士の男は、好奇心旺盛な妻がはじめた貿易会社がどんどん大きくなり、家のなかで日に日に存在感をなくしていた。

ある日、男は妻が貿易交渉しているオランダからの船に、妻の忘れものを届けにいくはめになる。

ところがその船は、貿易船とは表の顔。裏の顔は、アヘンの密売組織のアジトだった。そのことにひょんなことで気づいてしまった妻は、組織につかまってしまう。

なにも知らずに船に乗り込んでしまった男の、孤独な救出劇がはじまる。

男は船のなかで、捕われていた老科学者と出会う。その科学者の科学の知識を使って、ふたりは組織に戦いを挑む。

戦いを好まないその男は戦いが終わって妻を救い出すと、元の冴えない男の顔に戻って、言った。

「お腹がすきましたな」

妻は男を見直した。

男はちょっとそれをけむたがる。

◎医療ものにしてみます

男は政治的なことでしか動かない大学病院での仕事に嫌気が

さして、離島で小さな診療所を開いていた。

夏休みを利用して、小学生の娘がその離島を訪ねてきた。その日は島のお祭りだった。

異変は、打ち上げ花火がはじまった頃に起きた。ひとりのヤクザ風な男が吐血したのを皮切りに、たくさんの人々が吐血しはじめたのだ。祭りはパニックになった。男はそれがある疫病であることに気づいた。

男の、娘と島の人たちを守る孤独な戦いがはじまった。離島からの連絡を受けた大学は、その状況を政府に報告した。世界的な疫病の蔓延を防ぐために、その島を隔離することが政治的に決まる。

そのことを知らない男の孤独な戦い。大学病院でずっとライバルだったある男は、男の協力要請を断る。ただ、学会で一蹴された過去の論文を男の診療所にファックスで送った。それが自分にできる限界だとつぶやきながら。

たくさんの困難を乗り越えてワクチンの精製に成功する男。だがワクチンは全員分はない。男は娘をあとまわしにして島民にワクチンをうつ決意をする。

男もついに感染してしまう。朦朧とする意識のなかすべてをあきらめたとき、大学のあの男が島に現れる。そして手には大学でつくりだしたワクチン。
男は言う。
このワクチンには俺の名前をつけるからな。

◎恋愛ものにしてみます。

それは九州の小さな町の話。
今まで一度ももてたことのない女の子がいた。
その女の子は新しいバイト先で運命の恋をした。
どこからどうみてもイケメンで、どこをどうきってもジェントルマンなその男の子は超高嶺の花。

女の子は自分のなかでふくれる思いにつぶれそうになって毎日を過ごしていた。

ある日、その男の子のことを狙っている女の子グループの存在を知る。グループは姑息な手段で彼の心を射ようとしていた。女の子は、そのグループの作戦を邪魔する。

そんなある日、男の子が東京の大学に行くらしいと聞く。女の子は男の子に、生涯最初でたぶん最後の告白をする決意をする。

女の子の友人が彼女の改造計画をたてる。女の子はあらゆる人のあらゆるスキルを吸収し、理想の女の子に近づく努力をする。たくさんのトラブルをたくさんの努力で乗り越える。そのプロセスで、彼女はいろんなことを学ぶ。

そして運命の日。突然話がある、とその男の子から呼び出される女の子。どきどきしてその待ち合わせの場所に行くと、男の子の後ろに、もうひとり男の子がいた。

「あいつが好きらしいんだ」

女の子は告白する前に、ふられてしまった。けれど女の子はどこかすがすがしい気持ちだった。

このように、脚本の基本構造はきわめて汎用性が高いことに気がつきます。テロリストを病気に置き換えたり、止まらない列車にしてみたり、経済の破綻に置き換えたりして考えると物語が見えてきます。恋愛のように無形物に置き換えることも可能です。プロットが構成できたら、ダイハードの細かい構造にのっとって人物の葛藤や事件による価値観の変化などを丁寧に置き換えていけばいいのです。それが見事にはまると、あの映画の高い完成度と同じレベルの脚本が手に入るというわけです。

ただ、これは脚本「術」の基本です。なにかと置き換えるだけで量産できるほど、甘いものではありません。あくまで脚本の構造を体で覚えるためのもの。その基本をどう応用していくか。そこからが本当の意味で才能が問われる領域になるのだとは思います。けれど、一度やってみるといいと思います。これは脚本を書く方法論を独学で身につけるいい方法で、かつ、そのプロセスで物語が細部でどうつくられているか見えてきます。いわゆるヒットを量産する脚本家たちは、この基本構造を意識しなくても使えるほど身につけているのだと思います。

ポストイット脚本術

（1）プロット〈ショート〉
（2）プロット〈ロング〉
（3）3幕分解〈大目的〉
（4）各幕を数章化〈中目的〉
（5）各章をシーン化〈小目的〉
（6）エピソードの入れ替え〈伏線〉
（7）各登場人物管理〈感情〉

これは、映画を分解するという格闘の末に身につけた、映画や小説、舞台などの脚本を書くときに使っている僕のオリジナルの方法です。短距離型の発想脳の人間がどうやって2時間を構成していくか、そのために編み出した方法です。いつもと同じ筋肉をうまく使う方法が欲しくてつくりました。せっかく20年近く鍛え続けた技術を一切使わずに書くのは、なんとももったいない。僕にしか書けないものを書くべきだ、という気持ちから考えたものです。

まず、2時間の映画を、15秒と同じように短くしたらどうなるか、表現のコンセプトレベルのものを考える。東北新幹線のときの「青森版ぼっちゃん」のようなシンプルなものです。その後、それを大きなプロット（1）にする。いわゆるあらすじです。そしてそれをさらに細分化した原稿用紙10枚ほどの長いプロット（2）にする。

次にそのプロットを、前述した3幕にそれぞれの役目を意識しながら分けていく。さらに1幕ごとに細分化して、チャプターのようなものに分ける。ここで、それを細かくポストイットに書いて貼りつけていきます。

「主人公が敵と出会う」とか「会社が乗っ取られる」とかそういう出来事が並んでいきます。

それから「主人公が敵と出会う」というポストイットの横に、さらに小さなポストイットで細かい事柄を書いて貼っていきます。

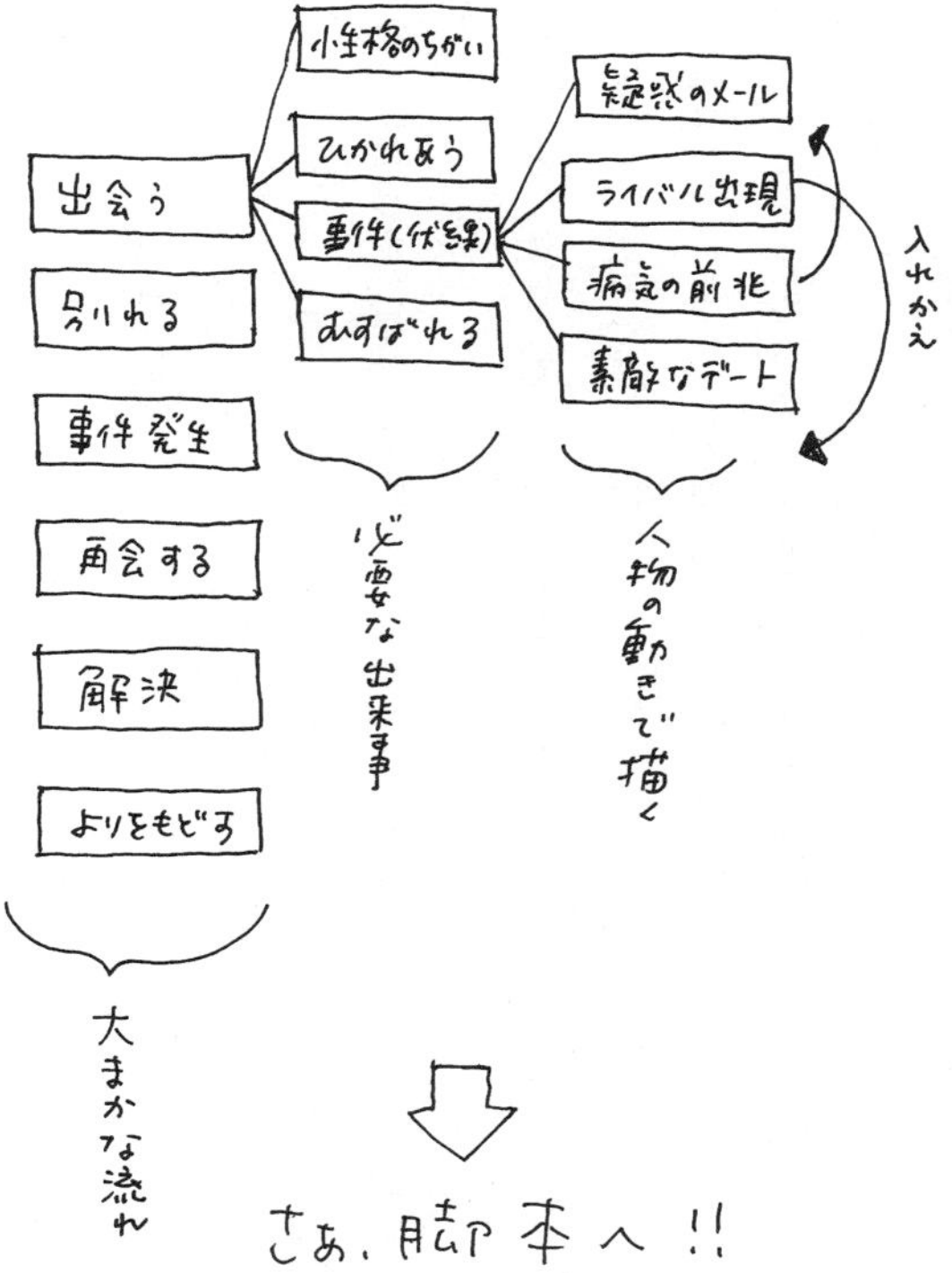
出会う
別れる
事件発生
再会する
解決
よりをもどす
大まかな流れ
性格のちがい
ひかれあう
事件(伏線)
むすばれる
必要な出来事
疑惑のメール
ライバル出現
病気の前兆
素敵なデート
入れかえ
人物の動きで描く
さあ、脚本へ!!

「敵と最初は親友だった」とすると、「親友になるべき出来事」が前に発生しなければなりません。そうやって発生するすべての事柄をポストイットにして流れを意識しながら貼ります。

ひとしきりそれをやったところで今度は、ちょっと冷静な気持ちでその並べ替えをしていきます。思いもかけないシーンが同時に起きると面白かったり、伏線があったほうが効果的であることがわかったり、いろいろな整理ができていきます。

その後、登場人物別にストーリーを追います。都合よく使ってしまった人を見つけだしたり、途中で消えてしまった人物を探し出し、修正します。

全体の流れがポストイットで構成できると、自分で弱いところ、見せ場になるであろうところなどが把握できます。脚本をカタカタ書きはじめるのは、このポストイットの段階で納得がいくものができてから、です。

けれどちょっと残酷な事実なのですが、ここまでをいかに完璧にしておいてもいざ脚本にしてみると、登場人物が勝手に動き出すことがしばしばあります。でもそれは仕方のないことです。無理をせずに、物語の行く末に不安が生まれたら、もう一度そこからポストイットに戻るのです。この作業は、全体を俯瞰して安心して脚本にのめり込むためのものです。ポストイットなので、いくらでも張り替えが可能です。出来事が増えようが減ろうが、関係ありません。そうやって進行しながら無限にある物語の行く末を見守ります。ポストイットで把握できているのは事柄の整理で、これは物語の生まれる畑にすぎません。その畑で登場人物たちがどんな葛藤をし、どんな答えを出し、どんな結論に向かうのか。この地図のようなものを手に、実際の風景のなかに出て行かないとわかりません。一度に書き進まないで、慎重に、穴がないかを確認しながら、ポストイットでつくりあげた自分だけの地図をもって脚本に挑みます。何度も何度も自分の書いたものを振り返りながら、登場人物たちと自分がシンクロしていくのを待ちます。

物語の最初は物語のルールを観客にインストールする時間なので、たくさんのやらなければいけないことがあります。ここは当然脚本家が苦しむべきところ。けれどそこを乗り越えると、途中からその話の結末を楽しみにしている自分にも出会えます。この状態の気持ちよさは筆舌しがたいものがあります。楽になりたくて一気に書き進めると、どこかで自分の都合が忍び込んでくるので自制心をもって慎重に進みます。

未知の表現に立ち向かうとき、自分を一度見つめることはとても大切なプロセスです。自分にできることはなにか。できないことはなにか。できることをのばす方法はどこにあるか。できないことをカバーするにはどうすべきか。ただやみくもに筆を走らせてしまっては、ただの素人です。自分は新しい領域ではなにひとつ業績のない新人です。ただの新人にならないように、今ある自分のスキルをきちんと活用できる方法を考える。自分の可能性をきちんと引き出すことも、表現技術のひとつだと考えましょう。

発想脳をつくる

右脳と左脳を使う

つくり手が「客観的」であることは、人に伝わるものをつくるうえで重要です。客観をきちんともつことができたら、表現をどうつくるべきか、それがどうすればより面白くなるかを考える力をもつことができます。つくり手の都合をきちんと嗅ぎ分け、消し去ることができます。観客のココロにどういう作用が起きているか考えることができ、どうすれば人が泣くか、どうすれば人が笑うか、を考えることができます。客観とは、言い換えれば少し意地悪な視点をもつということかもしれません。

そのために、左脳で考える癖をもちましょう。ロジカルに物事を徹底的に追いつめていくのです。笑いを笑いながらつくらない。泣けるものを泣きながらつくらない。冷静に相手の感情を想像しながら計算をしていくのです。そしてその表現が感覚的に「きてる」ものになっているかどうかは、右脳に判断させるのです。脳にしっかりこの左右の役割を与えることを心がけましょう。

中途半端なロジックは表現の周辺をハエのように飛んで人をうんざりさせる

だけですが、徹底すると、それは都合や予定調和を超えたものをもたらしてくれます。誰よりもロジカルに考えるのです。その先には、右脳も納得するような風景が必ずあるのです。そしてその風景を一度脳が知り、その道筋を繰り返し往復し続けると、それはやがて自分の筋肉として身につきます。脳は筋肉です。正しく鍛えれば、きちんと使えるものになります。

くれぐれも忘れてはいけないのが、最終的な表現に、考えた道筋やロジックが透けて見えるものは圧倒的につまらないということです。これは自分でも見てすぐわかると思います。「ああ、こういう文法のものをつくろうとしているのだな」とわかってしまうもののことです。「のようなもの」は表現のいちばん情けない結論です。面白い設定や飛び抜けた台詞によってその文法が吹き飛んでいるように見えるものになるまで、右脳にチェックさせて悩み続けるべきです。つまり最終的に文法が気にならないものになっているかどうか、です。

ロジカルをつきつめた結果、誰も考えなかったものにたどりつく、そして感覚的にも面白い。それが理想の表現です。

右脳から入った場合も、左脳的な検証をしましょう。右脳と左脳には常に別な仕事をさせて、感覚と客観を往ったり来たりさせながら強い表現の獲得を目指すのです。

疑う力

疑うことは表現を磨くことでもあります。あらゆる段階で、あらゆる角度で、自分のつくっているものを疑いましょう。誰よりも徹底的に疑うのです。この台詞でいいのか。この設定でいいのか。このつながりでいいのか。音楽は本当に必要なのか。このコンテで本当に人はわかるのか。わかりすぎてつまらないと思われないか。登場人物のリアクションを入れるとわかりやすくなるのではないか。そういうことをたとえ途中でほめられても終わりにせず、考え続けるのです。

撮影がはじまってはじめてわかることがたくさんあります。机のうえで想像していなかった印象がそこにある場合に、もう少し点数を上げることができるのではないかと考えるべきです。そこから台詞を変えたっていい。そこで根こそぎ変えたっていい。そうすることで意味のある面白さが手に入るなら、いつ方針を変更してもいい。僕たちがつくっているのはプロセスではなく、結果なのです。

正しいことは、どんなタイミングで言ってもいい。言わないことは考えていないに等しい。

このタイミングで台詞のことを言うのは空気を読めていないと思われるかも、と言葉を飲み込んでしまうのはやめましょう。正しいことは、どんなタイミングで言ってもいいのです。それが本当に正しいことであれば、全員でそれに対する策を真摯に考えればいいだけのことです。

逆に、その意見がその場で解決をみなくても、その意見によって、その意見を生んだ原因である違和感を他人と共有することになります。この違和感の共有が意外に大切で、共有した人はその原因をカラダのどこかで考えます。そして意識、無意識に関係なく、表現のどこかでそれを解決しようとするはずです。

企画をしているときの「達成感」は、脳の動きを鈍らせます。敵です。「できた」という感覚ほど危険なものはありません。達成感を感じたら、すぐに疑うスイッチを一度入れたほうがいい。まだ可能性があるのではないか、もっと面白い設定があるのではないか、すべてのタイミングで点数を上げていく姿勢を貫くべきです。疑う心を常にもっておくほうが、よりよいものを生み出すことができるのです。

疑う。それは表現をより強くするための大切な行為なのです。

違和感は答えを教える

いきなり客観的にすべてを俯瞰して表現をつくりだせる人は、そうはいないと思います。そんなときに自分の感覚を上手に使って客観的な思考を手に入れましょう。

その感覚は「違和感」です。僕は映像の編集のときに、よくこの違和感を最大限に活用します。つながった映像を何度も繰り返して見る。トップカットから順に、違和感があるところをあぶり出していく。そして同時にその理由を考える。どうしたら直るかを頭のなかでシミュレーションしながら、またひたすら繰り返して見るのです。

3カット目あたりから慌ただしく感じるなら、最後の台詞をやめてみたらどうだろう。すると少し着地が甘くなるから、そこにコピーを入れたらどうだろう。逆に、冒頭にコピーを入れることでいろいろなことを省略できるかもしれない。台詞をなくすと深くなるかもしれない。そうすると得るものはなにか。失うものはなにか。

そんなことをぐるぐる考えながら、最終的に違和感がひとつもない状態をつくりだします。このプロセスは個人的なものなので、なにも言わずにある程度考えがまとまるまでただひたすら繰り返して見ます。コンテ通りにつくる必要はないのです。コンテ以上にするために、以降のすべてのステップは存在するのですから。そして、そこまで済んだのちに、今度は自分の人格をクライアントや他者に設定し直して、もう一度違和感を探します。その違和感が修正すべきものかどうかは、表現を強くできるかどうかで決めていきます。

企画段階でも、違和感はとても大切な感覚です。それは、自分の考えたものを客観的に見つめるための入口なのです。自分の感じた違和感の正体を考える。そこに次のステップでやるべきことの答えが埋まっている。違和感を感じないように次の企画をしてみる。そこにまた新たな違和感を見つける。それを打ち消す企画をつくる。それを延々と繰り返す。

違和感がまったくなくなったときに、今度は必要な違和感がないか、と考えたりする。違和感がない違和感を。この思考は終わりがないものに感じるかもしれませんが、不思議とある段階で、今まで出会ったすべての違和感を一気に解決するアイデアが突然現れるのです。「これで大丈夫だ」というものに必ずたどりつくのです。安心して悩みまくりましょう。

アイデアは、ある程度制約がないと生まれないものなのかもしれません。「こうしたらいけない」という条件があるから、「だったらこうしよう」というアイデアが生まれる。たくさんの制約を自分に課していく。そのすべてを乗り越えたアイデアは、おそらく他人には追いつけない次元にあるアイデアになっている。そういうものだと思います。

難しいほうを選ぶ

面白いけれどやるのは大変だ。そう思ったら、それこそが今つくるべきものだと思いましょう。なぜならその先にあるものは他の人がなかなかやらないものだから。人とちがうものをつくる。そのために、選択肢はできるだけ難度の高いほうを選ぶ。リスクの高いものを乗り越える。それができると表現は凡庸さから抜け出すことができるのです。

その次にはそれを実現するためのアイデアや方法も考えだす必要があります。僕らのアイデアは、単なる設計図をつくるアイデアだけであってはいけないのです。考えてそれを誰かに実現してもらうという「企画者顔」をしていてもおそらくそれは形になりません。形にするための労も惜しんではいけない。その実現にもクリエイティビティを発揮すべきです。実際にその表現を世の中にぶつける、そのために人を口説くアイデア、予算を効率よく使うアイデア、表現を最大化させるメディアのアイデア、考えることは山のようにあります。

最近は、広告がどう見られるか。その見られ方まで考えることが多くなっています。CMをつくったから終わり、ではなくてどういう形でそれが見られるといいか。ソーシャルメディアとどう連携すると拡散力があがるか。どのチャンネルでどういう順番でいくといいか。そのときの店頭はどうなっているべきか。メディアごとに人との関係が違う今、丁寧にひとつひとつ表現と人との距離をつくって全体のなかで機能するCMにしていく。見られ方の新鮮さも企画の範囲として認識しておく必要を痛感しています。

そこまでが「企画」のエリアであり、プロとしての責任の範囲なのです。

広告は新しいものを評価しがちです。その見られ方の新しさだけが鮮度としてチヤホヤされたりもしています。今までメディアでなかったものがメディア化したり、メディアの新しい使い方をしたり。体験する広告と言って、それを新しい波のように扱う。けれどそれはただの外側のアイデアにすぎません。どんなに面白い場所にその広告があっても、その中身がたいしたものでなかったら、結局人は珍しいものを見たという薄い感情しかもたないのです。

大事なのは中身。そしてそれが最大化するための外側。そのことを忘れてはいけません。

シンプル思考、大きめ思考

コンテや企画が複雑になったり、クライアントの要望を表面的に解決しようとして混乱したら、「そもそも」に戻るべきです。そもそもこの商品は誰に売りたいものだっけ。そもそもこの広告は誰を喜ばせるためのものだったっけ。そうやってシンプルに考えるべきです。ミッションに戻って、整理整頓をする。発信する側が整理のついていない情報を人が正しく受け止めることなどできません。

そして企画がなかなか見つからない場合は、一度その考えの対象や問題を遠くから見つめるべきです。アイデアは商品そのものからは出てこない、商品と人の関係から出てくる、ということと似ていますが、今抱えている問題を大きな問題にすり替えるのです。「女性用シャンプーの向上した性能を伝える」という問題で悶々としたら、「すべての女性を美しくしたい」「美しさとはなにか」と描くべき問題を大きくつかまえ直すのです。するとそのなかに商品の向上した性能を伝える要素も入れた、性能自慢に終わらない表現が現れたりもします。

最近、優れた才能をもつ人と打ち合わせをすると、皆同じことをまず気にするということに気がつきました。その広告はなぜ必要なのか？　そのことを何度も何度も問いかけているのです。もちろん広告は商品を売るためにあるし、それが絶対の条件ですが、一方で町のビルと同じで社会の風景をつくるひとつの要素でもある。その風景の一部が下品であったり、乱暴であったり、自己中心的であったりすると景色は乱れてしまう。乱れた景色のなかにいると人は荒廃する。そういう責任が広告にはある。逆に言うと今の世の中を少し明るくしたり、楽しくしたり、もできる。そういう力をもったものを自分たちはつくっている。だから今つくるものが世の中にとってどういう意味をもつのか、をちゃんと考えて理解し、そしてそれをつくりたいと強く思う起点にしたい。そんなふうに皆考えていました。

ビームスの仕事はそのことを真ん中に置いてつくりました。世の中に対してビームスがなにを言うべきか。なにをすべきか。震災の後「絆」を連呼する表現が氾濫するなかで、広告の存在意義をどこにつくるのか。震災後に僕がつくった最初の広告でした。世の中にどんな光が必要か、広告は世の中に何ができるのか。「恋をしましょう」という35周年のキャンペーンはそういう意識のなかから生まれました。

恋をしましょう

みなさん恋をしましょう。誰かを好きになりましょう。そして自分を好きになりましょう。みなさん恋をしましょう。それは世界を新しくしますから。知らなかった歌を好きになったりしますから。ゴハンが美味しくなったりしますから。深呼吸の意味を変えたりしますから。それは嘘の悲しさを教えてくれますから。たとえそれが終わっても、きっと何かを残してくれたりしますから。さあ、年齢を超えましょう。性別を超えましょう。国籍を超えましょう。経験を超えましょう。みなさん恋をしましょう。地球は愛が救ってくれますから。

恋をしましょう BEAMS

ＪＲ東日本の「行くぜ、東北」も同じでした。震災のあと、本当に必要なものはなにか。その議論からこの仕事ははじまりました。

実際に人が東北エリアに行き、買い物をし、飲食をし、宿泊をして経済を動かすことこそ必要なのではないか。イメージではないリアルにダイレクトに作用するものが必要なのではないか。同情を買うようなトーンではなく、積極的に人の意識を前に向けるようなものこそ必要なのではないか。広告が今やるべきことはなにか。それが原点でした。

結果的に僕たちは東北応援パスという「人を動かすための」切符をつくること、そして今までのトーンとはまったく違う、必要な「強さと明るさ」をもった表現を世の中にうち出すことにしました。「イメージではなく、本当に意味のあるものを」。広告はそういうところからの提案ができるのだ、と実感できた仕事でした。

つなげよう、
日本。
行くぜ、東北。
12・4 東北新幹線 東京ー新青森開業1周年
行くぜ、東北。

余談ですが、以前、「どうしたらプレゼンがうまくできますか」と聞かれたことがあります。そのとき僕はこう答えました。

「うまくプレゼンする必要はまったくない。面白い企画さえ考えてしまえばいい。どんなに小声で説明しても、それさえあれば絶対に面白く聞こえる。つまらないものを面白そうにプレゼンすることほど、残念なものはない」

プレゼンしたくなるアイデアをもつことが、いいプレゼンをするための最大の方法でしかないのです。

同時多発思考のすすめ

ひとつのことにじっくり時間をかけて考えたい。そういう声をよく仲間や後輩から聞きます。けれど実はそれはたいした効果を生まないようにも思っています。

とくに僕の場合、ずっと同時にいくつもの作業をし続けてきたせいもあって、脳ミソの構造がマルチタスク型になっているようです。

まずひとつの案件に集中する。そして「思いつきたいもの」までを明確にイメージする。それができて答えまですぐにたどりつかない場合は、別の案件で同じことをやります。そして常に脳のなかで、その案件の「思いつきたいスイッチ」をオンにしておく。するとまったく別の案件のときに、もうひとつの案件の答えが浮かんだりする。電車に乗っているときやトイレにいるときにアイデアが浮かぶということと同じかもしれません。その思いつきたい案件に関して、どこかでリラックスした状態が脳のなかで生まれているせいもあるのだと思います。この方法を意識的にするようになってから、飛躍的に複数の案件を並行して考えることができるようになって、自分のキャパシティを広げることができました。

僕たちは、異常なほど新しい仕事に弱く、ひかれがちです。新しい仕事の誘いがくる。それがどんな条件でも、もし自分が考えたらびっくりするほど面白いものをつくれるかもしれない。そんなふうに考えてしまう体質であるべきだと思います。

多少無理をしてでも、できるだけたくさんの仕事をする。そうしてその無理のなかから自分の活路を見出していく。そういう努力と工夫をし尽くしてはじめて僕たちはプロになるのだと思います。ある程度の努力とそこそこの工夫しかしないでいたら、その程度のクリエイティブにしかならないのです。そういうものです。

文章がうまくなりたかったら、とにかくたくさん文章を書くべきだといわれています。それは企画にもあてはまります。どれだけ真剣に深く向き合ってきたか、どれだけ研究し尽くしたか、それがそのまま数年たつと脳の筋肉になって企画力の差になるのです。

普通の人間が
特別な仕事に巡り会ったのだから
普通の感覚を大切にして
特別な生き方をしてみる。
それだけのことです。
大好きな仕事に夢中にならないで
なんの努力もしないで
才能の有無やチャンスの有無や
環境のせいにして

なんとなく生きていくなんて
なんともったいないことか。
誰かの心に触れることの快感と
それを仕事にできる幸福と
映像表現という
永遠に開拓し続けられる大地に
自分が立っている興奮を
僕たちはもっと感じるべきだ。
もっと夢中になるべきだ。
好きなことを好きなだけやる。
それが仕事になるのだから
こんな幸福なことはない。

これからの広告たち

テクノロジーは表現の環境を劇的に変えました。受け取られ方を変え、表現の意味そのものを変え続けています。でもそれは恐るべきものではありません。冷静に考えると広告はいつの時代も過渡期にいるのです。その時代の空気を吸って、その時代にしかできない鋭利な表現であるべきなのだから当然のことです。

ただここ数年の波はかつてないほどの大きさで、あたかもコミュニケーションの根底から変えてしまうのではないかという勢いがあるのは事実です。僕たちは何をするべきでしょう。僕たちの今まで磨いてきたスキルはすべて無意味なものになるのでしょうか。そうは思いません。何百年も前の絵画に心を奪われて、何十年も昔の小説に胸を突かれ、少年の頃に夢中になった音楽に何年もたって涙を流したりするのですから。つまり、表現は普遍を目指せばいいのです。時代の波の高さに関係なく存在する価値をもてばいいのです。

変化が大きいときは、
変えるべきではないものをまず見つめる。

それは人の心です。感情の動きです。テクノロジーがどんなに進化して表現の幅が広がり、広告の概念そのものを誰かが広げたとしても、嬉しいは嬉しいはずで、悲しいは悲しいはずです。手段が少しユニークになるだけで目指すべきもの、動かすべきもの、の本質は変わらないのです。言葉やビジュアルや映像や音という人間の心を動かすために生まれた道具たちはやっぱり機能するはずです。その道具たちを無限に拡張してくれるのがテクノロジーなのだと思います。

新しいテクノロジーをただ新しいというだけで使ったものはどうしても軽薄なものになっている印象があります。新しいものはすぐに古くなるのです。誰かがプロジェクションマッピングを使うとみんなが一斉に使い出す。その可能性を広げる努力をせずにただ使う。誰かがドローンを使って新しい映像をつくるとみんなが一斉に使い出す。その可能性を広げる一部の素晴らしい努力よりも無自覚に使ってしまうケースのほうが圧倒的に多い。これではただのテクノロジーの浪費です。砂糖に群がる蟻のようです。広告はいつも変化の途中にあります。それを必要以上に新しい言葉で煽り、さも新しい領域を生んだように言いたがるのはこの業界の悪い癖です。そうしないと仕事がつくれないからだとは思いますが、そのことで自分たちの仕事をずいぶん停滞させていることも事実です。テクノロジー系の優れた才能たちと話すと彼らは大抵そのことを前提に表現に挑んでいます。新しさをきちんと道具として使っている。人間の心というよくわからないものに立ち向かっている。そこが同じ人たちは使う言語や手段が違っても共鳴するものだと思います。

それから、変化する環境に敏感でいる。

一方、環境の変化には常に敏感でもあるべきです。たとえば最近の打ち合わせで「みんな電車でスマホを見ているから中吊り広告は効果がない」と誰かが言いました。果たしてそうでしょうか。電車に乗った瞬間、人は席が空いていないか、どんな人がいるか、ぐるりと一度は見渡すはずです。だからその瞬間を捉えれば効果はつくれるのではないでしょうか。新人の頃は先輩に中吊りは「読み込まれるメディアだ」と教えられました。それが「瞬間でキャッチされるメディア」に変わったのだと思います。ダメになった、と決めるのは思考停止です。その前にもっと冷静に何が起きているのかを自分の言葉で考えることはとても大切です。そうすると情報は少なく「検索エンジンの近くにあるバナー」のようなものが効果をもつのではないかという仮説が生まれます。その仮説があれば中吊り広告のデザインの勝負のポイントが明確になります。

逆に中吊り広告の強みは何かと考えるといろんなメディアの特性が浮き彫り

になります。それは「強制視認」をつくれる残り少ないメディアのひとつということです。見ようと思っていないもの、ターゲットではないもの、そういうものから得られる情報でもあるのです。まだ自覚していない「欲しいもの」をそこで見つけるチャンスでもある。世の中にこれが流行っていそうだという情報になって、何日後かのスーパーで最後の判断に影響を与えることもある。30代の男性が、60代の女性向けの広告から何か影響を受けることもある。マス広告だけでキャンペーンをつくっていた時代、重要だった感覚が「自分以外も見ている感」です。

トレンドの予感です。ターゲティングによって「効率」を手に入れたかわりに僕たちは「予感」を表現から失いつつあるのかもしれません。見ようと思っていなくても見てしまうもの。広告はずいぶんこのことによって豊かな表現でいさせてもらってきました。この前提が壊れた今、僕たちは広告表現の根本を見直して、変えるべきもの、変えてはいけないもの、をもう一度考えるタイミングにいるのかもしれません。

かつての「強制視認」の王様、テレビから人が離れています。単純に言うと見られていない。そのことは実はかなり大きな変化をＣＭたちに与えています。広告の映像の比重はかなりＷｅｂにシフトしています。Ｗｅｂ動画には強制視認という環境がないのでまず見てもらう努力が必要になります。その結果、いわゆるバズ動画と呼ばれるものが生まれました。それは「バズればいい」という本末転倒の思考回路でつくられるものがとても多く、「見て良かった」という気持ちをつくるという最も大切なことを置き去りにしてしまいました。「クリックさせる」という入口の努力だけに夢中になって、結果的にバズ動画というカテゴリーごとだめにしてしまったように思います。砂糖に群がる蟻はここにも現れました。

最近とある企業のＷｅｂ動画が炎上しました。それがネットニュースになったとき、「〇〇のＣＭが炎上」という見出しになっていました。それを見たときにテレビCMとWeb動画という区分けをしているのはもはや自分たちつくり手側だけで、受けとるほうに、もうその線はないのだ、と感じました。つまりどのメディアで発信されたものかを誰ももう気にしていない。そこに線はないということです。同じ覚悟でつくる時期になったのだと思います。

SNSの浸透はどんな変化を僕たちに与えているのでしょう。バス動画は「いいね!」とシェアを目的につくられました。そのブームは僕たちつくり手を一気に「いいね!病」にしてしまいました。「いいね!」が集まるものをいい映像だと勘違いしたのです。「いいね!」のなかには本当にいいと思った「いいね!」もありますが、「悪くないいね!」もあるしなんとなく、もある。そのことがわからないまま数値化されたものを信じてしまい、多数決的なものがいいものだと思ってしまう。そのなかでよくあるものが正論の誇張をしたものです。家族っていいね。親孝行っていいね。友達っていいね。遅く帰ってごめんね。手紙を残してくれてありがとう。絆って大切だね。負けたら悔しいね。

あなたは頑張っている。そんなものが世の中に溢れました。その最大の弊害はオリジナリティの欠落を生んだことです。「いいね！」の集まりそうなものを、つまり既視感のあるものを、つくり手が心のどこかで求めさせられてしまった。この病気は本当に根が深くて一度かかるとなかなか立ち直ることができません。なにせかかった本人が病気であることを自覚できないのです。「いいね！」が集まるのですから評価された気分になってしまうのも無理はありません。けれど僕たちの仕事の本質は、他にはないものをつくることです。かつてこの世界に存在しなかったものをつくることです。言葉を使い、映像を使い、音を使い、デザインを使い、歴史を使い、時代の感覚を使い、それが生まれるより前にはなかったものをつくることです。それをこの「いいね！病」は見事に忘れさせてしまう。オリジナリティって大事じゃなかったか？　独創性があるものこそ時代をつくるんだ。そういう基本に気がつくこと。それ以外のワクチンは残念ながらなさそうです。

他のメディアの変化についても少し考えてみます。新聞の大きなターニングポイントは、地デジ放送の開始だったと言われています。テレビ欄がテレビで見られるようになると生活は激変しました。それまで新聞はたとえ読まなくてもテレビのリモコンとセットでリビングに必ずありました。それがないとその日何が放送されるかわからなくなるのでとても困りました。その価値をテレビに奪われて、新聞は家のなかの定位置を失ったのです。これはとてつもなく大きな打撃だったはずです。新聞の衰退を情報の遅さが原因と言う人も多いと思いますが間違いなくこのテレビ欄の喪失が大きな原因だったはずです。果たして新聞は定位置を奪還することができるでしょうか。同じ場所にはもう戻れません。となると新しい定位置をつくりだす必要があるのです。このことは新聞広告の表現の変化と直接は関係ありませんが、人とメディアの接し方の意味の変化を考える重要な出来事です。

このような変化はいつの時代もありました。テレビが家庭に普及したとき、映画とテレビドラマの違いが当時何度も話題にのぼっていたようです。その違いを的確に捉えた人たちがやはりドラマの時代をつくっていました。ドラマの神様、脚本家の山田太一さんはかつてエッセイでそのことに触れていました。テレビドラマと映画はとても似ていて、とても違うものです。たとえば冷蔵庫の音が低く唸った。というシーンは映画や小説は意味深くそれを描けるがテレビドラマにそれは許されない。冷蔵庫を大写しにするとそれほどでもないものが妙にクローズアップされるし、ただ低くその音をいれるだけだと生活の音に飲み込まれて気がついてもらえない。その違いはとても大きい、と。メディアにはそのメディアにしかない特徴があります。

ある映画監督はドラマだと登場人物に感情の説明台詞を求められてしまうと嘆いていました。淋しい主婦がひとり部屋にいたらそこで「……淋しい」と台詞にするように言われると。映画だとそれはリアルではなくずいぶん過剰で稚拙なものに見えることはわかります。でもテレビはどうしても生活のなかにある。その淋しいという主婦のシーンを食器を洗いながら見ている人もいる。そこを見逃したまま次のシーンでその主婦がキレているのを見ると、淋しくてキレているというのが伝わらず、ただキレた自分勝手な人になってしまう。そこにテレビと映画の表現のあるべき姿の差はあります。この話のあと、ＮＨＫの朝ドラを目をつぶって見てみたのですが、話がほとんどわかることに驚きました。朝の支度で忙しいなかでもストーリーから離脱しないですむようにできていたのです。そうか、なるほど、と唸っているとさらにもうひとつ気がつきました。オープニングに「連続テレビ小説」と書いてあったのです。そこでまた唸りました。テレビと視聴者とその環境のことを考えて、あのお化け枠は生まれていたのです。

テレビＣＭ自身も環境の変化の影響を大きく受けています。最近のヒットを見ていると「出オチ」のものが圧倒的に増えています。ちょっと前だと、駅前をサラリーマンがとぼとぼ歩いていた。というような始まりがあって何の広告だろう？　という気持ちをつくってストーリーを展開させていたのが、早い段階でそれがなんの広告か、がわからないともう見てもらえないということでしょうか。だからヒットCMの大半が設定の面白さの開発を最初にするようになっています。始まってすぐに面白いと思われる必要がある。そんなことを考えているときにふと昔のCMを思い出しました。

ポリンキー、ポリンキー、おいしさの秘密はね。

モルツ、モルツ、モルツ。うまいんだなこれが。

バザールでござーる、バザールでござーる。

これらは佐藤雅彦さんの仕事で、いわゆる「連呼型」と呼ばれているものです。商品の言いたいことに独特なリズムを与えて、いつのまにか情報を伝えてしまう刷り込み型のものです。極端に言うとWHAT TO SAYよりも、HOW TO SAYの開発に力を入れたものたち。今これがでてきたらなんだかとてもヒットしそうな気がしてならないのです。単純化がどれだけできるか、それをエンターテインメントにどうやって昇華できるか。

広告はいつも変化の途中にいます。そのとき変わる部分の話だけをするのではなく、変わらない部分をまず確認してそれから存分に変化を楽しんでいくべきだと思います。最近の大きなテーマでいうとやはり「いいね！病」からの完治が急務です。オリジナリティあふれるものがあの手この手と繰り出されて刺激的な表現の場であることが、広告の一番幸せな姿のはずですから。

おわりに

この仕事をはじめた当初は、毎回からっぽになるまでコピーや企画を出し尽くしていました。それをおそらく10年近く繰り返しました。今の自分の基礎体力はそのときに身についた気がします。

毎回必ず、原稿用紙2～3冊はコピーを書いていましたし、打ち合わせのときどんな人よりもたくさんの企画をもっていくようにして、会議室のテーブルを自分のアイデアで埋めることを自分のルールにしていました。量を考えるときにつくった回路が、偶然ですが客観的に自分の表現を見直す回路になっていたり、ブラッシュアップしていく方法論になったりしているのだと、今になると思います。けれど、当時はただそれを独学でがむしゃらにやっているだけでした。

そうやって10年ほど過ごしてきた頃に、僕は運命的な出会いをしました。古川裕也という先輩プランナーと出会っていなかったら今の僕は存在していなかった気がします。彼は僕の企画を見た瞬間に「キミはなにも学んでいなさすぎる」、そして「よくこんなになにも学ばずに生きてこられたね、逆にえらい」と言いました。そこからたくさんの文法や回路を、この本に書いてあるほとんどのことのベースを教えてもらいました。考えること自体を教えてもらったに近かった。2年ほど、ふたりでたくさんの仕事をしました。企画だけでなく、ディレクションのことも、演出のことも、お金の使い方も、企画書のつくり方も、クライアントとの関係のつくり方も、ほぼその期間に覚えました。体系的に物事を理解し、自分のスキルを自分で正しく伸ばす、自己拡張の方法を彼に学んだのです。

僕は自分に必要なタイミングで彼のような師に出会えて、そこから劇的に自分のクリエイティブ人生が好転しました。一方で、僕より何倍も面白く豊かな発想力やセンスのあった同世代の仲間の何人かが、それ以降そう伸びなかった姿も見てきました。その差はきっと、ただ僕のような出会いがなかっただけなのです。「正しい悩み方」を知ることがなかっただけなのです。人生は残酷です。そのことを知るか知らないか、たったそれだけのことでその後の仕事の可能性を分岐させてしまうのですから。

僕が先輩にもらった幸福な2年間に匹敵するような内容にはおよそ遠いものですが、皆さんにとってこの本が、僕にとっての古川裕也さんになるといいなと思っています。この本の内容をきっかけにそれぞれがそれぞれの「正しい悩み方」をつくり、新しいクリエイティブで世界をぱっと明るく楽しいものにつくりかえてほしい。そういうアイデアを生み出す人のなにかに作用できたら、これ以上幸せなことはありません。

「なんかええな、と思った。
あとで振り返ると
それは広告やった。
それでええねん」

大阪の田井中邦彦さんに言われたこのひと言で、僕は自分のやるべきことをはっきり理解しました。ソーシャルという言葉やコミュニケーションデザインという言葉が、既存のメディアを古いものと位置づけたりするために乱暴に使われていたり、メディアの新しい使い方を必死になって探してそれを「未来の広告」と呼んでみたりしている現状に、なんだかずっと猛烈に違和感を感じていました。

「それって本当に面白い？」「珍しいだけなんじゃないの？」「単にそれは人を

振り向かせるための装置であって、人が振り向いてくれたそのあとに見せるものが、すべてなんじゃないの」と。

そう。僕たちは「なんかええな」をつくるべきなのです。「なんかええな」がない外見だけの珍しいものを「未来の広告」と呼んでいてはいけない。そのことにこの言葉で改めて気づかされました。

広告は残酷です。常に新陳代謝したがり、新しい時代の捉え方を広告が元気であることの証明のようにいつの時代もしたがります。今流行っている考え方のほとんどは数年のうちに古くなり、間違いなく代謝されていくでしょう。

僕たちはそろそろ本質を見つめるべきではないでしょうか。面白いものにしか意味なんかないということに。外側の新しさを面白さと呼ぶ虚しさに。

人が人に見たものを伝えることが、コミュニケーションの中心になっていることは事実です。つまり「人が人に教えたくなる」「探してでも見たくなる」ものをつくる必要がある。そうなる理由はやっぱり「なんかええな」があることだ、と思うのです。広告のクリエイティブは実に優れた表現方法の集大成です。それは映画やドラマや音楽や小説と比べて遜色のないくらいのものだ、と思います。

これからの広告は、広告だけの競争ではなくなる。ソーシャルという波がもってくるものの本質はそこにあると僕は思っています。「人に教えたくなる」「探してでも見たくなる」というものになるためには、映画やテレビやネットの動画や小説や、もっと言うと、リアルに存在する出来事に負けないものでなくてはいけない。つまりエンターテインメントコンテンツとしてあらゆるものと競争し、「人に教えたくなる」「探してでも見たくなる」ものになる必要がある。そのためになにをするか。

簡単です。より面白いものをつくる。それは大変なことではないと思います。「より面白いものをつくりなさい」と言われているだけなのですから、その大変さはきわめて純粋で、本来僕たちがちゃんと戦わなければいけないことをそのまま僕らに突きつけているだけなのですから。

さあ、「なんかええな」をつくりましょう。
そこにしか広告の未来はないのですから。

最後にこの本に協力をしてくださった電通の同志の皆さん、たくさんの先輩方、テラゴヤの後輩たち、個人的に編集の魔法で拙い構成を救ってくださった松永光弘さん、朝日新聞出版の皆さん、装幀をしてくれた吉森太助くん、ご協力いただいたクライアントの皆さま、各事務所の皆さん、そして文庫化のチャンスをくださった角谷涼子さんと、すばらしい解説を寄せてくださった佐渡島庸平さんに、心から感謝します。

で、結局目の前にあるそれは面白いの？

解説

佐渡島庸平

『表現の技術』は、僕が新人漫画家に必ずプレゼントする一冊だ。

何かを表現しようとする人は、アイディアに詰まった時、この本をパラパラとめくるといい。

たとえば、「人は笑う前に必ず驚いている」。この言葉は、金言だ。自分の中では確実に笑えるシーンだと思う。でも、誰に見せても笑ってくれない。そんな時は、その笑わせたいシーンの前に、オドロキを設計すればいいのだ。

「起承転結のワナ」は、日頃から僕もよくアドバイスで使っていた。作家は自分の頭の中にある世界観が魅力的だと思っている。でも、その魅力が伝わらない。そんな時は、たいてい「起承転結のワナ」に陥っている。作家が必要だと思っている前提条件をすっ飛ばして話を始めると、急に面白くなることがある。漫画家にアドバイスする時、僕はこの「起承転結のワナ」にもう一つ違う工夫を足している。「前後を強制的にカット」だ。たとえば、漫画を20ページで描くとする。その時に24ページを描いてもらって、初めの2ページ、終わりの2ページを強制的にカットするのだ。作家としては説明しておきたい。でも、読者としては余計な説明ということがよくある。この強制カットをすると、気になる始まり方、余韻のある終わり方になりやすい。

「空間で考える」は、僕が言語化できていなかったことで、すごく参考になった。いつもどのように伏線を張って、先に期待をさせるかで、作家と悩む。ワザとらしくなりすぎると興を削がれるし、微かすぎるとわからない。その時に、空間を使って何かできないか、と考えるのはすごく有効だ。物語は、観客だけが知っている未来を生み出せて、読者が主人公にこっそりアドバイスをしてあげたくなったら、作家の勝ちだ。「空間で考える」は、作品作りにかなり応用が利く、奥深い技法だ。

『宇宙兄弟』（小山宙哉、講談社）では、ムッタがISS（国際宇宙ステーション）の存続のための活動を行うのだけど、せりかさんが、ムッタが廃止のための活動を行なっていると勘違いするエピソードがある。それを読みながら読者は、「せりかさん違うんだよ！　誤解でムッタを嫌いになってしまわないで！」と思わずにはいられない。そのようなエピソードは、「空間で考える」で説明することができるだろう。

「物語を説明しない」。これも、僕が新人作家に口を酸っぱくしてアドバイスすることだ。作家は、世界を生み出すために、細部まで想像する。そして、想像して頭の中で見えたものを説明する。そこから、もう一度、作家は考える必要がある。それを主人公の行動で描写しないといけない。「世界観を考える」→「登場人物の行動を考える」と2回思考を重ねる必要があるのだけど、どうしても1度目の思考で新人作家は物語ができたと思ってしまう。自分の作ったものを「物語を説明しない」を合言葉に推敲する癖がつけば、その作家は、あとは運がくるのを待って描き続ければいいだけになる。

『宇宙兄弟』の新しいキャラクターの登場の仕方を見て欲しい。誰も、普通に立っているだけの状態で出てこない。みんな、なんらかの姿勢をとっている。立ち方、座り方にも個性がある。小山宙哉は、登場する際の姿勢のあり方まで、キャラクターのことを徹底的に理解して、再現しているのだ。

この本に書かれている技術は、本当に有用だ。

これだけの技術を身につけ、再現性を持って、作品を作り続けることができる髙崎卓馬という人は、天才だと思う。電通の先輩が教えてくれたと謙遜しているが、それを自分なりに言語化し、自分のものにできる人は滅多にいない。

この本を初めて読んだ時に、髙崎さんが天才と感じるとともに、これが、広告のクリエイターになるということか、と理解した。

髙崎卓馬に会ってみたい。

Facebookで調べると、共通の友達が197人もいる。いろんなところで噂を聞く。でも、実はまだ会ったことがない。

この本を読んで、隠されたものに興味がわいたのだ。それは「髙崎卓馬臭さ」だ。作家が書いたものは、作家臭くなる。僕は作品を読みながら、この作家をこのお店に連れて行くとリラックスして、色々話してくれるのではないかと想像したりする。

髙崎さんは、ワインバーが好きなのか、気軽な居酒屋が好きなのか、僕には想像できない。

もちろん、髙崎さんは、プロとして、そういう気持ちを起こさせないものを作っている。広告クリエイターは、使う技術に癖が出る。その癖は、「らしさ」を生み出す。髙崎さんの広告には、すべて魅力的な髙崎さん「らしさ」がある。

でも僕は、編集者として、本では「らしさ」だけでなく、髙崎さん「臭さ」も感じてみたかった。

編集者としての僕は、作家と会うとまず、「なぜ書くのか？　なぜ書き続けたいのか？」を聞き続ける。そして、自分臭さを見つけてもらう。作家に、隠そうとしても隠せない自分臭さを見つけてもらうこと、それが一番初めに出会った時に編集者がする役目だ。その後に、その臭さを、世間に伝わるように表現するための技術を学んでもらう。

作家の優先順位は、自分臭さ↓技術だ。広告クリエイターは、クライアントの想い↓技術という順番になるのではないか。同じクリエイターでも、活躍場所が違うと、優先順位が変わってくる。

髙崎卓馬は、天才だ。僕は、仕事のために隠しているだけで、実は「臭い」のだと思う。一度、直接会ってみて、色々質問してみて、どんな臭いか嗅いでみたい。それが、編集者の性だ。

（さどしま・ようへい／コルク代表）

企画　原　昇平
制作　小川達也
イラスト・ブックデザイン　吉森太助

本書は、『表現の技術　グッとくる映像にはルールがある』（2012年、電通発行／朝日新聞出版発売）を文庫化したものです。

「言葉を映像の武器にする」「これからの広告たち」は、文庫化にあたっての書き下ろしです。

中公文庫

表現《ひょうげん》の技術《ぎじゅつ》

2018年10月25日　初版発行

著　者　髙崎《たかさき》 卓馬《たくま》

発行者　松田 陽三

発行所　中央公論新社
〒100-8152　東京都千代田区大手町1-7-1
電話　販売 03-5299-1730　編集 03-5299-1890
URL http://www.chuko.co.jp/

ＤＴＰ　嵐下英治
印　刷　三晃印刷
製　本　小泉製本

Published by CHUOKORON-SHINSHA, INC.
Printed in Japan　ISBN978-4-12-206652-6 C1163

各書目の下段の数字はISBNコードです。978-4-12が省略してあります。

中公文庫既刊より

さ-48-1
プチ哲学　佐藤雅彦
ちょっとだけ深く考えてみる――それがプチ哲学。書き下ろし「プチ哲学的日々」を加えた決定版。考えることは楽しいと思える、題名も形も小さな小さな一冊。
204344-2

さ-48-2
毎月新聞　佐藤雅彦
毎日新聞紙上で月に一度掲載された日本一小さな全国紙、その名も「毎月新聞」。その月々に感じたことを独特のまなざしと分析で記した、佐藤雅彦的世の中考察。
205196-6

き-37-1
浮世女房洒落日記　木内昇
お江戸は神田の小間物屋、女房・お葛は二十七。あっけらかんと可笑しくて、しみじみ愛しい、市井の女房が本音でつづる日々の記録。〈解説〉堀江敏幸
205560-5

ほ-12-10
書きあぐねている人のための小説入門　保坂和志
小説を書くために本当に必要なことは？　実作者が教える、必ず書けるようになる小説作法。執筆の裏側を見せる「創作ノート」を追加した増補決定版。
204991-8

ほ-12-12
小説の自由　保坂和志
小説には、「考える」という抽象的な時間が必要なのだ。誰よりも小説を愛する小説家が、自作を書くのと同じ注意力で小説作品を精密に読んでみせる、驚くべき小説論。
205316-8

ほ-12-13
小説の誕生　保坂和志
「小説論」というのは思考の本質において、評論でなく小説なのだ。小説的に世界を考えるとどうなるのか？　前へ、前へと思考を進める小説論。
205522-3

ほ-12-14
小説、世界の奏でる音楽　保坂和志
小説は、人を遠くまで連れてゆく――。書き手の境地を読者のなかに再現する、十篇の小説論という小説。「最良の読者を信じて」書かれた小説論、完結編。
205709-8